"中国故事——全国博物馆优秀讲解案例推介活动"获奖作品

讲述 中国故事

物华

中国博物馆协会社会教育专业委员会　组编

科学普及出版社

·北京·

图书在版编目（CIP）数据

讲述中国故事．物华/中国博物馆协会社会教育专业委员会组编．—北京：科学普及出版社，2017.4

（中国博物馆教育研究系列丛书）

ISBN 978-7-110-09727-4

Ⅰ.①讲… Ⅱ.①中… Ⅲ.①中华文化—通俗读物②文物—中国—通俗读物 Ⅳ.①K203-49②K87-49

中国版本图书馆CIP数据核字(2018)第033461号

策划编辑	郑洪炜　李　洁
责任编辑	李　洁
封面设计	逸水翔天
责任校对	杨京华
责任印制	马宇晨

出　　版	科学普及出版社
发　　行	中国科学技术出版社发行部
地　　址	北京市海淀区中关村南大街16号
邮　　编	100081
发行电话	010-62173865
投稿电话	010-63581070
网　　址	http://www.cspbooks.com.cn

开　　本	710mm×1000mm　1/16
字　　数	88千字
印　　张	5.75
印　　数	1—3000册
版　　次	2018年4月第1版
印　　次	2018年4月第1次印刷
印　　刷	北京盛通印刷股份有限公司
书　　号	ISBN 978-7-110-09727-4/K·161
定　　价	35.00元

为贯彻落实国务院《关于进一步加强文物工作的指导意见》，推进实施《全国文博人才发展中长期规划纲要（2014—2020年）》，提升我国博物馆社会教育工作水平，在国家文物局指导下，中国博物馆协会于2017年2月至5月举办了"中国故事——全国博物馆优秀讲解案例展示推介活动"。推介活动经过了各地文物主管部门或博物馆行业团体组织报名、遴选，全国性集中展示和媒体推介等环节，比较全面地反映了目前我国博物馆教育工作一线专业讲解人员和社会志愿者的业务素养和精神风貌，也使一批颇具代表性的优秀讲解案例脱颖而出。

据不完全统计，超过3000名专业讲解员和志愿者报名参加本次活动，29个省（自治区、直辖市）和7个中央直属单位的117名优秀讲解员被各地推荐到北京参加全国性展示推介。包括中央电视台、中国教育电视台在内的主流媒体以及新浪等社交媒体进行了现场直播，在线观众峰值数达到70余万人，成为2017年"国际博物馆日"北京主会场活动中备受关注的内容，在博物馆业界和社会公众中产生积极反响，为博物馆更好地利用馆藏文化和自然遗产资源讲好中国故事起到了推动作用。

与以往此类活动不同的是，本次展示推介更加强调了讲解内容的原创性、讲解受众的针对性和讲解技巧的互动性，并且大权重地引入了现场观众评判，力图使内容选材与技能运用、专业评估与受众认可紧密结合，引导我国博物馆社会教育特别是讲解工作朝着内涵、沟通、亲和、效果多元一体的方向发展。

应该特别提到的是，参加此次推介案例的讲解词必须取材于参加者本单位所收藏的文化或自然遗产资源，除学生志愿者须在老师指导下完成之外，均由讲解员独立自主完成撰写。这在很大程度上为讲解员在内容选材、展品解读、文学功底及内容的传播适应性方面提出了更高的要求，也体现了讲解词作为博物馆讲解的基础性工作的基本要求。为使博物馆业界同仁和关注博物馆教育的其他人士了解本次讲解案例推介活动的全貌，特别是讲解内容在策划、组织和撰写情况的特点，经征得活动参加者本人同意，在科学普及出版社大力支持下，中国博物馆协会选择了部分优秀案例的讲解词结集出版，以裨益广大读者研究、参考和借鉴。

21世纪的博物馆，比以往任何时候都更加重视博物馆的社会教育和公众服务功能。也许与一些西方国家的博物馆不同，现场讲解在中国博物馆教育中发挥着独特的作用，或者说是现阶段中国博物馆教育的特色之一。所以，讲解作为博物馆与公众沟通交流的重要渠道，其专业化、现代化是中国博物馆事业整体发展中不可忽视的重要环节。衷心希望包括讲解在内的博物馆教育工作能够得到博物馆业界更加高度的重视，得到更加广泛的社会关注和支持。

2017年12月

目录

一件小石片　一堆大道理

山西博物院学生志愿者　王梓乔

» 西侯度遗址

　　小石片，不简单，但相信很多人走进博物院都不会被这个没有颜值没有光彩的家伙吸引。直到院长说，如果你能够认真地去观察，寻找小石片上与人类相关的信息，你就可以通过它和古人对话。这个小石片到底有什么神奇？

　　它是一件旧石器，它的"家"在山西南部黄河东岸一个偏僻的小山村——西侯度村。根据地质学、年代学提供的科学证据，西侯度是一处旧石器时代早期的遗址。这件小石片距今已有180万年了，可以说，它是中国目前所发现的最古老的人类工具。

　　即使沉睡了180万年，它也并不孤单。因为与它一起出土的还有其他31件石器，以及很多动物化石，比如大象、犀牛、四不像鹿、羚羊、三趾马、鸵鸟、河狸等。说不定小石片的生活还挺热闹呢！在考古学家看来，这些动物群的生活习性反映了当时那一带的环境：有森林、草原，也有河流、湖泊，总的来说环境优美、资源丰富、气候温暖而湿润。

» 直刃刮削器　　» 三棱大尖状器

　　在探索真相的过程中，考古学家发现有些动物骨头有烧烤和被切割过的痕

» 西侯度遗址动物化石

迹。在自然法则中，生存是最重要的。这些动物没准因为疏忽大意而一失足成千古恨，成为原始人的猎物和美餐。

» 西侯度小石片

有人说它像河滩里的天然石块。我当初也是这样认为的，不过经过学习和观察，在这看似简单的小石片身上，我找到了很多属于人类制作工具的奥秘。

首先，石料的选择很合理，这是红色的石英砂岩，地质学家说它是由沉积岩类的砂岩经变质作用而形成的岩石。它在硬度、密度和韧性方面都有出色的表现，符合当时人们制作石器的要求，是早期人类经常选择的工具原料。

其次，石器的毛坯是从石块上打下的石片，制作过程中在小石片上留下了许多线索。你看，破裂面上有打击点、微微凸起的打击泡，还有辐射线等，这都是人工打制的技术特征。

若再仔细观察，会发现石片的边缘有进一步加工的痕迹，做成的刃口既可以割皮也可以刮肉。没准，这件小石片曾经肢解过某一匹马，或者一只鹿。如果能在它的刃部提取出DNA，我们就知道原始人喜欢吃什么肉了。

这种有想法、有设计、有技术、有用处，而且反复出现的技术特征，只有聪明的人类才能做到。小石片可是180万年前的工具，多么了不起的发明啊。

但是，即便如此，著名科学家贾兰坡院士（周口店北京猿人头骨的发现者）提出一个更为大胆的新观点：西侯度遗址的这些石器，具有一定的进步性质，还不是人类最原始的石器。人类的"第一把石刀"，还应该去更古老的地层中寻找！

文物总是为我们讲述着最迷人的故事。180万年前的小石片，是早期中国人征服自然的印证。时至今日，C919的首航，天宫计划的开启，中国人探索创新的脚步从未停歇，中华民族灿烂辉煌的劳动文明永远前行！

神奇的尖底瓶

西安半坡博物馆　朱振华

　　这是一件不同凡响的器物，它曾在6000年前的原始部落里被人们广泛使用，但在之后却神秘消失。它的造型非常奇特，却又十分优美。它究竟是干什么用的？底部为什么是尖的？这样的造型又蕴含着怎样的奥秘呢？

　　这件器物叫"尖底瓶"，1954年出土于西安半坡遗址，是6000年前原始先民的一件水器，而它的奥秘就隐藏在它独特的造型中。小口的设计使水不易颠洒出来；鼓起的腹部能够增大容积；两边耳穿的位置对称，系上绳子提起后，可以保持器身平衡，无论是提着、背着或者抱在怀里都非常方便。另外，尖底不仅能够分散水对瓶底的压力，还可以让器物平稳地插在沙土中。更为神奇的是，一些制作规矩的尖底瓶竟然能够自动打水！我们知道，即使在今天，平底水桶也必须借助外力的晃动才能打上水，而尖底瓶一接触水面就会自动倾倒，水灌到一定程度时，又会自动直立。这种自动打水的功能恰好是近代物理学中重心原理的最早应用。这简直是一个"史前神器"啊！但这更是一个源于生活的伟大创造！远古祖先们在长期的劳动中，不断积累经验，不断探索实践，不断创造发明，由此才推进了人类社会不断地由蛮荒走向文明时代！

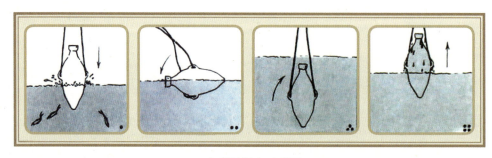

» 尖底瓶打水示意图

尖底瓶是仰韶文化半坡类型的一种典型器物，但之后却不再被大量使用了。然而，在春秋战国时期，人们又发现了它的踪迹。据说，当年孔子到鲁桓公庙里去祭拜，看到一件劝诫之物，叫作"欹器"，"欹"就是倾斜的意思。他曾听人说这种器物在空着的时候是倾斜的，水灌到一半时就会直立起来，当完全灌满水后，则口朝下，水全部倒出。于是就让弟子取水试验，果然是这样。孔子随即感慨，"吁，恶有满而不覆者哉。"以此来教育他的学生要谦虚为人，稳重求中。如果说欹器果真源自尖底瓶，那它可能对中国古代哲学思想的起源还产生过重要的影响呢！

尖底瓶不仅具有实用性，而且还散发着强烈的艺术气息，它橄榄状的器型，以及瓶体直径和瓶体高度之间的比例关系，被认为是陶制水器中最具美感的形制。那么，半坡人制作这种尖底瓶的灵感究竟来源于何处？目前，还是一个难解之谜。但它至少体现了人们通过长期的劳动实践而获得了一种经验的选择，它也许是在神秘感和实用需要的驱使下创造的杰作，也许还渗透着半坡人物有灵性的原始宗教意识。

一件6000年前的小小器物竟然蕴含着这么多的科技原理和文化，它让今天的我们感到惊叹。这件凝结着远古祖先创造和智慧的

» 尖底瓶

"史前神器"，带给我们的不仅仅是心灵的冲击、思考和启示，更带给我们重新审视中华民族博大精深历史文化的自豪和自信！

岩石上的文字
——宁夏贺兰山岩画

宁夏回族自治区博物馆学生志愿者　周卓然

» 岩画中的人面像

贺兰山，矗立在银川平原的西北部，就像从戈壁滩上拔地而起，如同万马奔腾，令人震撼！当你临近它时，一幅历史的画卷由此展开……

在250多千米的范围内，共发现了岩画分布群30多处，总数达5万幅之多。内容丰富、题材广泛，上至天文、下至地理，包罗万象、无所不在。既有奔跑的动物，又有狩猎的人们；既有各种神秘的图形和符号，又有生殖崇拜和祭祀活动的场景……

人面像是岩画中的精华，它们形态各异、无一雷同。有的长着犄角，有的插着羽毛；有的戴尖形或圆形的帽子，有的戴着头饰或挽着发髻；有的大耳高鼻、面部威严，就像一位长者，有的面带笑容、活泼可爱，稚嫩得又像一个孩子。数以百计的人面像连成一片，形成一条蔚为壮观的脸谱长廊，令人目不暇接，叹为观止。

» 岩画中的马

聪明的远古先民，在制作岩画时所采取的方法，既原始又科学。请看岩石上的这匹马，是先民们用手拿着磨石在石面上反复磨制而成的。在清晰的线条映衬下，一匹活脱脱的富有生命力的马，跃然石上。到了铁器时代，制作岩画的工艺和方法又向前跨越了一大步，请看，这幅《狼和羊》就是最典型的代表。它采用线刻的方法，先刻出动物的轮廓，然后用敲凿法，进行细致的凿刻，狼身上的这些斑驳小点，既体现了毛的质感，又使整个画面动了起来。狼扑向羊的凶猛动作，被刻画得活灵活现、栩栩如生。

» 岩画中的狼和羊

尤其值得关注的是《太阳神》岩画，它是最具代表性的旷世之作。它的头部呈放射性的线条，面部是圆形的，重环双眼，长有睫毛。放射性的线条有24条，代表着太阳的光芒。睫毛有12条，也许代

» 岩画中的太阳神

表着1年12个月或者1天12个时辰。奇特的重环双眼又代表的是什么呢？据专家考证，重环双眼代表的是对神灵至高无上的崇拜，只有神才能享有重环双眼。在哥伦比亚，也有一幅《太阳神》岩画，和我们这幅极其相似，这种巧合，不能不说是人类对太阳的共同崇拜。因为太阳可以驱除黑暗带来光明，太阳可以使万物生长，丰衣足食。有了太阳就有了生命，有了太阳就有了一切。太阳神就这样诞生了！先民将它人格化，信仰化，崇拜化，神圣化。相信太阳会和人们紧紧地联系在一起。它是先民天地不绝、天人合一的精神象征。

» 哥伦比亚《太阳神》与贺兰山《太阳神》

贺兰山岩画改变了结绳记事、刻木为言的记事方式，创造性地用画来说话。用形象的语言记录了人们的所见所闻、所思所想。将愿望和祈求，崇拜和敬畏，都真挚地倾注在岩石上。信仰成为生活的意义，崇拜成为精神的动力，敬畏成为人生的态度，岩画创作是他们生活的重要部分，成为他们的精神寄托。今天，当我们面对这一幅幅鲜活的岩画，我们屏息静听，仿佛可以听到在岩面上敲击出的叮咚作响的石器声和铁器声。远古的声音似乎仍在山谷中回荡。贺兰山岩画不仅是中华民族文化的瑰宝，更是世界文化遗产的宝贵财富。

刚好遇见你
——蟠龙纹铜方壶窃曲纹之美

河北博物院志愿者　王　丽

» 蟠龙纹铜方壶

蟠龙纹铜方壶是河北博物院"慷慨悲歌——赵国故事"展厅的一件国家一级文物。我第一次见到蟠龙纹铜方壶时，就被它的端庄精美所震撼："通高51.5厘米，盖上部为盘形捉手，盖下部的周边和颈部装饰有窃曲纹，颈的四面均有立体的猛虎装饰，壶的头部两只向上，两只向下，神态威猛；腹部装饰有蟠龙纹和蟾蜍纹，底座镂雕蟠龙纹和蟾蜍纹，整器造型敦厚雅致，纹饰鲜活灵动。"这次相遇，让我倏然间想起《诗经》里的一句：赫兮喧兮。《礼记·大学》："赫兮喧兮者，威仪也。"也就是气宇轩昂、威武大方的意思，蟠龙纹铜方壶所投射出的威仪感，不禁让人肃然起敬。

铜方壶盖下部的周边和颈部都装饰有窃曲纹，那么什么是窃曲纹

呢？可总结为三个词：横向勾连、直中有圆、一唱三叹。蕴含着礼器所独有的秩序美、内涵美、韵律美。

"横向勾连"指窃曲纹的组成形式，它蕴含着"礼"的秩序美。《吕氏春秋·适威》有云："周鼎有窃曲，状甚长，上下皆曲，以见极之败也。"其主体是横向S，横向C（G）形结构，向上或向下弯曲的回钩线条构成扁长的图形。蟠龙纹铜方壶中的窃曲纹就是横向"G"相互勾连而构成的扁长状的图形。装饰在铜方壶的颈肩部，在礼器的陈列中体现一种整齐感和秩序美，在壶颈的四棱部位还装饰有云头状的窃曲纹，从正面看就像一对精美的小翅膀，在整齐感和秩序感中又增加了一分灵动。孔子云："信以守器，器以藏礼。"窃曲纹以陈列的秩序美体现出周礼的威仪感。

"直中有圆"指窃曲纹的结构特点，它蕴含着"礼"的内涵美。窃曲纹是一种由龙纹或者某一种动物纹饰抽象演化而形成的一种具有代表性的几何纹饰，它的特点是"直中有圆，圆中有方"铜方壶上的窃曲纹"直、圆、方"的完美组合使图形饱满而美观，生动地体现了礼的内涵"和"，古人的祭祀之礼，除了歌功颂德、祈求福祉外，还有一个重要的社会意义就是增进族人之间的文化认同和凝聚力。而窃曲纹的"直中有圆"的饱满之美，传递出"和"的礼文化的内涵之美。

"一唱三叹"指窃曲纹的审美特征，它蕴含着"礼"的韵律美。窃曲纹的表现形式是二方连续的组织形式，不同的图形组合让我们感受不同的节奏感，这种节奏感，与人们在实践中的劳动感有必然的联系，也类似《诗经》中一唱三叹的反复形式，更类似钟磬齐鸣的德音雅乐，让我们感受到艺术的韵律感和美感！《礼记·乐象》有云："乐者，德之华也。"窃曲纹所蕴含的韵律美成为传递"德"的美学符号。

蟠龙纹铜方壶上的窃曲纹蕴含着礼文化的秩序美、内涵美、韵律美，就像为我推开了一扇窗，让我仿佛穿越时空，梦回周朝，听到了钟磬齐鸣的雅乐，看到了庄重威仪的礼器，感受到了精雕细琢的工匠精神……更深深地感受到中华传统文化进射的璀璨光芒。

愿这些美感、文化内涵、文化自信及文化自豪感润物无声地播撒进人们心里，正如诗云"细雨湿衣看不见，闲花落地听无声。"

山川精英　文明凝聚
——虢国联璜组玉佩

河南博物院志愿者　张　歌

温润如玉、亭亭玉立、冰清玉洁……

在中国人的词汇中，玉总是被赋予最美好的象征。随着中国考古发掘中大量玉器的出现，我们了解到它在先民心目中被神秘化和人格化，成为中华文明独特的物质标徽，构架起8000年文明发展的历程。

1990年，河南三门峡发现了虢国墓地，数千件玉器的出土以其精美绝伦的工艺和巧夺天工的制作震惊世界，连续两年被评为全国十大考古新发现。最先发掘的是这座2001号墓。当揭开棺盖的一瞬间，在场的人都惊呆了，炭化的毛毡下，露出的是密密麻麻令人眼花缭乱的各种玉器。墓主人面部覆有五官及须发齐备的玉面罩。他的颈部、肩部、胸部、背部及骨盆两侧都有玉璧。手

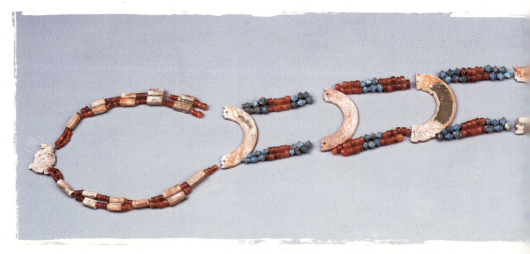

» 虢国联璜组玉佩

中握玉，脚下踩玉，甚至连脚趾间都分别夹有玉，充分展示了先民生前佩玉，死后随葬的浓厚爱玉之情。而在这其中最引人注目的是挂于墓主人颈部的联璜组玉佩。

玉佩主体是七件从小到大依次递增的玉璜，两侧由108颗蓝色琉璃珠、117颗红色玛瑙珠连缀起来，上方与一组玉管和玛瑙珠组成的项饰相连，挂于颈部，经胸腹一直垂到膝盖下面。玉璜上阴线刻画有形态各异的龙纹和人龙合体纹，刀法娴熟、线条流畅，可称极尽巧思，是目前所能见到的周代组玉佩中形制与连缀方式最为规范完备的组玉佩。

大量玉器的出土，显示着墓主人特殊的地位，专家考证它的主人是虢国一代君王虢季。虢国是周代重要的姬姓诸侯国，地理位置非常特殊，镐京、洛邑是周天子来往东西都的重要通道。历史上"假虞灭虢，唇亡齿寒"的故事就发生在这里。

虢国墓地出土的玉器再次证明了中华民族爱玉、尚玉之风由来已久。8000年前，生活在中华大地的先民，从翻土、伐木生活历练中，认识到玉是美而不朽的石头，并将玉琢磨成圆璧和方琮，甚至雕刻，凭此与天地沟通。随着社会进步，儒家学说兴起，玉被赋予君子之德，饱含着中国传统文化精髓中的仁、义、智、勇、洁，展现了华夏民族敬天法祖的宗教理论和格物致知的治学传统，蕴含着中华古玉最深层次的内涵。

穿过2800多年沉寂的黑夜，智慧的灵光伴着环佩叮当再现于世。虢国联璜组玉佩，一阕华彩的诗章，一泓似水的月色，震撼着每一个面对它的人，让我们重新认识了中华文化的丰厚底蕴和永恒魅力。

天下第一剑——越王勾践剑

湖北省博物馆学生志愿者　吴臻哲

湖北省博物馆坐落于美丽的武汉东湖之滨，馆藏文物非常丰富，其中最有名的当属四大镇馆之宝：郧县人头骨化石、越王勾践剑、曾侯乙编钟和元青花四爱图梅瓶。

大家都听说过"卧薪尝胆"的故事吧？公元前496年，越王勾践继位。吴王趁越国刚刚遭到丧事，就发兵攻打越国。吴越两国在槜李激战。吴王阖闾认为可以打赢，没想到却打了个败仗，自己又中箭受了重伤，回到吴国，就咽了气。吴王阖闾死后，儿子夫差即位。夫差为报杀父之仇，苦心练兵近三年，伐越，一举攻下越国的都城会稽，迫使越王勾践投降。夫差把勾践夫妇押解到吴国，关在阖闾墓旁的石屋里，为他的父亲看墓和养马。

勾践忍受了许多折磨和屈辱，才被吴王夫差释放回国。为了报仇雪恨，他睡在用木柴铺成的床上，每日尝苦胆，提醒自己不忘会稽之耻。公元前475年，越国攻吴，吴国接连败退，夫差被逼自杀。勾践取得了最终胜利，成为春秋五霸之一。

越王勾践剑在1965年出土于湖北省江陵望山一号楚墓中。出土时宝剑放在一个黑色漆木剑鞘内，拔出后仍寒光耀目，毫无锈蚀，锋刃锐利。此剑带有春秋晚期剑的基本特征，全长为55.7厘米，剑身中脊起棱，剑刃略有弧度，饰满黑色菱形暗格花纹。它的做工非常精美，剑格两面均铸有几何花纹，正面镶蓝色琉璃，背面嵌绿松石；剑首向外翻卷作圆箍形，内铸有11道间隔仅有0.2毫米的同心圆。古代工匠是如何在没有现代化工具的条件下制造出来的？至今仍是一个谜。

那么如何知道这把剑的主人就是勾践呢？古人特意在正面剑格上方铸有两行八字鸟篆铭文"越王鸠浅　自作用剑"。"鸠浅"就是卧薪尝胆、灭吴称雄

的越王勾践。

迄今为止，越王剑先后出土20余件，但越王勾践剑的工艺之精美首屈一指、无与伦比。经现代仪器分析测定，勾践剑为青铜铸造，其主要成分为铜、锡、铅、铁和硫等，其剑脊部分含铜量高，使剑具有较大的韧性，不易折断；刃部含锡量高，使剑具有较大的硬度，更为锋利，20余层纸一划即破。刚柔相济的特性使这把在地下埋藏了2400多年的越王勾践剑成为不可多得的珍品，故有"天下第一剑""青铜剑之王"的美誉。

千年飞天梦

荆州博物馆 陶 娅

» 蟾座凤鸟羽人

荆州博物馆有一件神秘文物：它造型奇特，独具一格；它是一件木胎漆器，制作工艺极为精湛；它来自战国，距今已有2300多年的历史……

这件文物由上部羽人、中部凤鸟和底座蟾蜍三部分组成，形象不可谓之不怪。上部的羽人，似人非人、似鸟非鸟，上身外裸，身体肥壮。头部呈椭圆形，头顶较平，发型与现在女性的披肩发类似。细长的柳叶眉呈弧形，与鼻子的轮廓相连。两眼鼓突，鼻子肥大。最奇特的是这人面上居然长着一张鸟嘴！鸟嘴又尖又长向前伸出，并向下弯成钩状。羽人脖子粗短，胸部和腹部均向前突出，胸部明显看到双乳隆起，带有女性特征，但手臂和手掌处的肌肉却又显得非常强壮，这使我们很难分辨它的性别。再往下看就更迷惑了——只见它浑圆的臀部后长有扇形的鸟尾，腿的底部也连体成一足，呈鸟爪状，紧紧抓住凤鸟的头部。羽人踏于凤鸟头部之上，凤鸟两翅展开，好像振翅欲飞的样子。底部的器座体型较大，是用整木雕刻而成的，形状为一只大蟾蜍匍卧。蟾蜍头部上昂，嘴巴张开，犬牙交错，大圆眼外凸，独具夸张的艺术感。

人面鸟嘴、人身鸟尾、人腿鸟爪的羽人和凤鸟、蟾蜍组合在一起，这在目前全国考古出土的漆木器中是独一无二的。这种神奇的组合，到底是什么，又象征着什么呢？

其实，这件文物名为"蟾座凤鸟羽人"。

"羽人"，是古代中国神话中的飞仙，一般身长羽毛或披羽毛外衣，它能飞翔，更能长生不老。《山海经》中曾有记载，在楚的发源地荆山，"其神状皆鸟首而人面"，更提到"羽民国"有"不死之民"。古人认为人要升天求长生，必须经过"羽化"的过程，要么"身具鸟型"，要么"立于鸟头之上"。楚人崇凤，凤鸟是楚人心中极有灵性的神鸟。所以，羽人站立在凤鸟头部之上，而且身体上出现了"羽化"的明显反应，这很可能就是战国时代人们想象中的"羽化登仙"的神奇过程。

» 羽人局部　　» 凤鸟局部　　　　　　　　　» 蟾座局部

那蟾蜍又代表着什么呢？

屈原在《天问》中说："夜光何德，死则又育？厥利惟何，而顾菟在腹？"根据闻一多先生《天问释天》中的说法，"顾菟"即蟾蜍。《淮南子·精神训》也有云："日中有踆乌，而月中有蟾蜍。"将古代传说中住在太阳里的三足乌与住在月宫里的蟾蜍分别视为日月之神。

由此我们推测，蟾蜍代表月亮的精神和生命，凤鸟是飞翔于天地间的神鸟，羽人又是变化莫测的神人，三者结合，呈现出一幅人们遨游太空、探索宇宙的美好图画。楚人在漆器上尽情挥洒着自己的浪漫与情怀，这件蟾座凤鸟羽人就是他们精神与灵魂的寄托，是楚人渴望飞天、盼望升仙、畅享极乐的真实写照。

"俱怀逸兴壮思飞，欲上青天揽明月。"表达了中国人敢上九天揽月的豪迈情怀。这件蟾座凤鸟羽人给我们留下了千古之谜，它激昂的神态、张扬的个性和神秘的内涵让我们浮想联翩，它承载着中国人千百年来的飞天梦想，是一件不可多得的漆器瑰宝！千年飞天梦，羽化登仙来！

古城佐证——朝那铭文铜鼎

宁夏回族自治区固原博物馆　杨　雪

"朝那"一词最早见于《史记·封禅书》："湫渊立祠于朝那"，朝那现在的读音叫作朝那，古音朝那（zhū nuó）是古羌族的词语，意为龙，而先秦至两汉时期，朝那县曾经是古羌族的活动范围，陇山（今六盘山）也因此而得名。

以朝那设县始于战国时期的秦国，时间长达七八百年，县制随时代的变迁也在不断迁移，在古文献中记载不一。那么，朝那究竟在哪里呢？

1977年，彭阳县古城大队一位姓郑的妇女修挖水渠时偶然发现的朝那铭文铜鼎，解开了学术界困惑已久的谜团。

朝那铭文铜鼎，高23.3厘米，口径17.5厘米，腹径23.5厘米。器身上錾刻三段铭文：第一段是："第廿九五年，朝那，容二斗二升，重十二斤四两"，第二段是："今二斗一升，乌氏"，第三段为："今二斗一升，十一斤十五两"。据专家考证，这个鼎先作为乌氏县的标准量器，后至朝那县，也作为标准量具，证实了朝那县在今宁夏固原市彭阳县境内。

朝那铭文铜鼎的出土，揭开了朝那、乌氏两座古城那一段鲜为人知的历史——秦昭襄

» 朝那铭文铜鼎

王三十五年（公元前272年），秦灭义渠戎国，设北地郡，置朝那县。汉代，析北地郡，设立安定郡，始筑高平第一城（即固原古城），下设21个县，朝那县就是其中之一。

» 朝那铭文铜鼎铭文

秦始皇统一六国后，面临着北方匈奴的骚扰和威胁，为加强帝国西北边防，始皇帝于公元前220年开始西巡，首次便巡行陇西、北地，经过六盘山。这是中国封建帝王首次进入宁夏，并见到了他巡行以来的第一面大湖——朝那湫。只见朝那湫，波光粼粼，清澈见底，然而，水面四周，却不长草木，秦始皇颇为好奇。当时，有大臣上奏："此乃异象也，自古帝王在名山圣水前都要祭祀，如此浩渺的水域，在我朝边境之地，不可不祭祀啊！"秦始皇听后，大喜，即刻吩咐文武百官，在朝那湫开始了他登基以来的第一次祭水活动，以祈愿秦代江山永固，国祚万世太平。朝那湫之祭，拉开了中国封建帝王祭水的序幕，在一年后的泰山封禅活动中，秦始皇将朝那湫列入四大名川之中。

朝那铭文铜鼎的出土，说明了两汉时期朝那、乌氏古城建制的变迁，为研究秦汉时期的量制及朝那、乌氏古城址的确定，提供了宝贵的实物资料。

今天的朝那古城，残垣断壁、秋风萧瑟，却依然能看到它清晰的轮廓，诉说着那昔日的辉煌。

千古绝响——曾侯乙编钟

湖北省博物馆志愿者　吴春芸

» 甬钟

　　1978年，湖北省随州市发掘了一座战国早期大墓。墓葬中出土的文物上，带"曾侯乙"三字铭义的器物有208件套，这表明墓主人是一位诸侯国国君。曾是国名，侯是爵位，乙是他的名字。曾侯乙墓共出土15000余件文物，许多都是罕见的珍品。其中，规模庞大的曾侯乙编钟，是迄今考古所发现的数量最多、重量最重、铸造最精美、保存最完整、音乐性能最好的青铜乐器，是我国考古史上、音乐史上、青铜铸造史上的一次空前发现，具有重要的学术价值。

　　什么是编钟？编钟，是一种打击乐器，它是由大小渐次的单体钟相互组编而成的。早在5000多年前我国就已经出现了单体钟。在商代中晚期，由三件或五件组成的编钟已经成批出现，到了春秋战国时期，编钟进入鼎盛阶段。曾侯乙编钟正是编钟鼎盛阶段的经典之作！

» 曾侯乙编钟

整套编钟共 65 件，分三层八组悬挂在曲尺型钟架上，六名青铜佩剑武士庄严肃穆地承托着彩绘木梁，2000多年矗立如故。钟体的总重量达2500多千克，再加上铜套、铜立柱、铜座，总用铜量达5000多千克，是世界上使用金属最多的一套乐器。

在钟体、钟架以及钟钩上还有大量的错金铭文，共计3755字。铭文内容除少数为记事外，绝大多数都与音乐有关。这些珍贵的文字资料，不仅让我们清楚地了解到曾侯乙编钟良好的音乐性能，也极大地丰富了我们对中国古代音乐成就的认识。

» 青铜武士立柱

古乐钟有一个特别奇特的地方。在北宋沈括的《梦溪笔谈》中写道："古乐钟皆扁，如合瓦。盖钟圆则声长，扁则声短。"曾侯乙编钟除最下面一层中间的楚王熊章镈钟外，其余钟皆为"合瓦"形，犹如两个瓦片相扣合。"合瓦"形钟可以产生"一钟双音"。根据铭文所示，敲击钟体的正鼓部和侧鼓部会分别发出两个不同的乐音，且这两个乐音相差三度。打个比方，如果正鼓音为do，侧鼓音便是mi或者降mi。要使每一口钟都能发出两个不同的乐音，并且保持三度的关系，互不干扰，这需要古代工匠具备怎样纯熟的铸造技艺，以及怎样耐心细致地打磨才能完成啊！

过去，有些人认为中国在先秦时期没有七声音阶，也有人说中国的七声音阶是后来从西方传入的。但经过科学测定和演奏实践证明，曾侯乙编钟不但具有七声音阶，而且具备完整的十二个半音体系，音域宽广，跨五个半八度。曾侯乙编钟精湛的铸造技艺和良好的音乐性能改写了世界音乐史，被中外专家、学者誉为"稀世珍宝"。

曾侯乙编钟的音阶结构与现今通行的C大调相同，能够旋宫转调，可以演奏古今中外的许多乐曲。

此曲只应天上有，人间哪得几回闻！

曾侯乙编钟是中国古代劳动人民勤劳和智慧的结晶，也是对世界文明所做出的杰出贡献！曾侯乙编钟以其珍贵的历史价值，无可辩驳地展示出中华民族光辉灿烂的古代文明！

» 楚王熊章镈钟

丝路瑰宝话银盘

甘肃省博物馆　王雪麟

» 鎏金银盘

没有人会想到，一条蚕可以吐出一条路，并且连接了3个大陆。这条路就是丝绸之路。它不仅输送了黄金、丝绸这些物产，同时也交流了宗教、思想和艺术。它是人类历史上最具想象和变革的互联之路。

千年的岁月，千年的丝路，千年的谜题，究竟用什么去证明那些古老岁月间文化的交流与融合呢？在那漫长的历史发展过程中，遗留下了丰富多彩的历史文物。在这些实物中，单凭器物类型和纹饰很难确定它们的文化属性，所以，那些带有铭文、尤其是带有胡语铭文的金银器文物显得弥足珍贵。那些天书一般的胡语铭文，见证了丝绸之路的友好与交往。

1988年秋，甘肃省靖远县的一家农户在修建房屋时，意外地发现了这件刻有胡语铭文并极具西域风格的鎏金银盘。银盘直径31厘米，盘内满饰浮雕葡萄花纹，纹饰共有三层：它的中心是微微凸起的圆钮，这是用银片磨压成高浮雕纹样，镶嵌于盘心的。盘内有一斜倚于狮类猛兽背部的青年男子，男子右手持权杖扛于肩上，杖端有松果状纹饰，姿态优雅、神情闲适。

盘心的这名男子，是希腊神话中的酒神狄格尼索斯，在罗马神话中又叫作巴克斯，他是象征植物与丰收的自然神。中间一圈，面积较小呈环带状，分为12个单元，内列12位奥林匹斯山神头像，他们中间以鸟兽相隔。最外面一层，是16组葡萄卷草纹。

» 银盘中心图样

这件银盘是公元4—6世纪的银器，也是东罗马早期遗物。就纹饰而言，不仅继承了古希腊以来传统的神像纹，并且有创新，它还是20世纪丝绸之路上最重要的发现之一。

专家还在银盘圈足内发现了刻有西方文字的铭文，这是3世纪中期到4世纪在巴克特利亚使用的"大夏文"，巴克特利亚是深受希腊文化影响的中亚古国，在古代中国被称为"大夏"。

» 银盘底部

古老的丝绸之路连接了东西方的文明与交流，我们能够想象那驼铃羌笛以及西域歌舞在这里不断欢聚的场景；爱琴海边的希腊字母跨越无垠的戈壁沙漠飞舞而来；它用一匹匹浪漫的丝绸把中国文明与西方文明紧紧簇拥在一起，在亚欧大陆的地理中心相遇融合。而这件鎏金银盘，仿佛一轮满月，高悬千年，成为古代中国拥抱世界的见证。

"一带一路"的伟大战略蓝图不断拉近各国之间的利益纽带。它是商贸大道，也是文化走廊，更是文明之路和开放之路！包容、开放、和谐、幸福，在这里一一呈现，这是人类文明的黄金时代！

秦陵百戏俑

秦始皇帝陵博物院学生志愿者　马雨晨

　　大家知道什么是百戏吗？百戏其实就是古代的音乐、舞蹈、杂技、说唱、体育等多方面表演的总称。百戏在春秋战国时期就已经出现了，在秦代和汉代都非常流行。秦始皇当年曾把东方六国的乐舞全部集中在了都城咸阳，所以秦陵百戏俑就成为秦代宫廷娱乐生活的真实再现。

　　百戏俑是1999年在秦始皇陵园发现的，已经出土百戏俑30多件，修复好了16件。它们的样子可好玩儿了，上身都不穿衣服，下身只穿着一条小短裙，手势姿态也都各不相同。听博物馆里的老师说，它们应该是为宫廷表演的百戏艺人。

» 百戏俑

右边这件手臂高举俑是个大力士，他右手上举，挺着胸、鼓着肚子、双腿分开，给人以力大无比的感觉。他全身的肌肉发达，右手好像正在托举着一件重物。他到底举的是什么呢？在他的不远处发现了一件青铜大鼎，所以他举的可能就是鼎。而鼎是中国古代最重要的青铜器。你们看过《大秦帝国》这部电视剧吗？秦武王嬴荡就是因为使出全身力气举鼎，结果砸坏了膝盖骨，不久就去世了。看来举鼎还真不是一件容易的事儿啊！

» 手臂高举俑

» 食指上翘俑

左边这件食指上翘俑是这个样子的——他身材修长，右腿弯曲，脚尖点地，右臂向外打开，食指上翘，造型充满了动感。举起的食指旋转的是盘子、手帕，还是其他东西呢？我平时喜欢跳舞，觉得很可能是手帕。那你觉得是什么呢？他缺少的左臂又让我们无法准确判断他的动作，是正在跳跃，还是正在跨步？

根据人体身高比例推算，这件32厘米长的大脚丫俑的身高竟然超过了2米！哇！竟然快和姚明差不多了，大家都叫他"秦代巨人"。

这件陶俑就像今天坐在椅子上的姿势。有的人说他在蹲马步，还有的人说他在拎重物，那么拎的会不会是我们今天玩的哑铃呢？他到底在做什么呢？你可以充分发挥自己的想象……

这些百戏俑向我们展现了秦人积极乐观、丰富多彩、追求美好生活的情趣。那么百戏俑坑里会不会出土说唱俑？它说的是什么？唱的又是什么呢？我觉得，它说的可能是陕西说书，唱的就是华阴老腔……

» 大脚丫俑

汉代神器——羽纹铜凤灯

广西壮族自治区博物馆志愿者　杨诗雨

　　广西博物馆馆藏展品——西汉羽纹铜凤灯，出土于广西合浦县望牛岭1号汉墓，当专家们发现它时，大家都非常惊喜，因为这件铜凤灯不仅外形精美，具有很高的观赏价值，同时，它还是一件来自汉代的"神器"。到底是怎样的一件神器呢？

　　这盏铜凤灯呈一只凤凰顾首回望的姿态，它双足分立，口中衔着一只灯罩，通体用汉代南方非常流行的一种錾刻工艺刻画着精细的羽毛，非常的精致美观，具有很高的观赏

» 西汉羽纹铜凤灯

价值。但是，最特别的还不在这儿，这盏灯的灯背上放置着一个长柄灯盏，灯盏当中可以盛放蜂蜡，当蜂蜡点燃的时候，燃烧的烟灰会往上升，通过灯罩进入颈管，再由颈管导入腹腔，腹腔是中空的，里面可以盛放清水，烟尘遇到水，便被溶解净化了。同时，灯的底部还设有一个小孔，可以排出腹腔当中溶解了烟尘的脏水。可以看出，这盏铜凤灯，从点燃蜂蜡到排出脏水，整个过程如行云流水一般，浑然一体，保证了室内空气的清新，显示出汉代工匠构思之精妙，设计之精巧，足以与我们今天常见的"环保用品"相媲美，因此，它堪称一件来自汉代的"环保神器"。

其实，利用清水净化烟尘的方式在汉代已经得到了人民的普遍重视，我国的陕西、南京等地也出土过类似的环保铜灯。但是，广西的这件羽纹铜凤灯有着它的独到之处。这盏灯的灯罩两边还刻有两只怪兽，它们呈回首奔跑的扭曲姿态，似乎显得有些许惊恐。为什么要这样设计呢？其实啊，凤凰是古代的一种神鸟，汉代人相信，凤凰能带来祥瑞和兆庆，还可以辟邪。因此，凤凰口中所衔的灯罩上刻有怪兽，很有可能是示意着凤凰把怪兽吃掉了，为人们带来了吉祥、安宁的生活，是凤凰神力的一种外化，显示出当时人们对凤凰的崇敬之心，是一种象征意义。总的来说，这盏灯造型优美，具有观赏性；使用方式独特，具有环保性；寓意深刻，具有象征性；三性俱佳，是一件非常难得而又精美的"汉代神器"。

经过国家文物专家鉴定，这盏羽纹铜凤灯被评为国家一级文物，现在，它的造型也被广泛地运用到设计中，比如广西博物馆的馆徽就是根据这盏羽纹铜凤灯的外形进行设计的。南宁吴圩机场的T2航站楼的设计灵感，也来源于这盏羽纹铜凤灯，它象征着双凤还巢，与北京首都机场的"中国龙"造型遥相呼应，预示着广西经济社会的不断腾飞。

爱将长袖舞翩翩——圆雕玉舞人

西汉南越王博物馆志愿者　　魏　凌

　　有一位南越国的姑娘，从她的身上，我们能够看到曾经在汉代风靡一时的舞蹈，她就是西汉南越王墓出土的圆雕玉舞人。

» 圆雕玉舞人

　　她头上梳的是向右横出的螺髻，这是越族女子的发式；她身上穿的是交领、右衽的汉服，衣服上有卷云纹的图案；她长袖飘举，曲线玲珑，跳的是楚式的翘袖折腰舞。这种舞蹈有两个特点：第一个特点是舞者的袖子很长。我们都说"长袖善舞"，跳起舞来的时候衣袂飘飘、裙摆摇曳，就会有楚辞汉赋中"翩若惊鸿、宛若游龙"的感觉。在之前热播的电视剧《甄嬛传》中，孙俪饰演的甄嬛跳过一曲惊鸿舞，这里面就有长袖的元素。"以手袖为容"，是中国古典舞的美学特征之一。第二个特点就在于舞者的腰身纤细柔软、盈盈一握，这是名副其实的"楚腰"。为什么说是楚腰呢？因为史书中有记载："楚灵王好细腰，而国中多有饿人"，说明当时楚人为了迎合楚王的喜好，宁可不吃饭也要保持身材的苗条。后来，这种以瘦为美的审美观念一直延续到汉代，而汉

朝的皇帝对于能歌善舞的美人也是情有独钟，像刘邦身边的戚夫人"擅为翘袖折腰之舞"；汉武帝身边的李夫人"妙丽善舞"；汉成帝身边的赵飞燕 "身姿轻盈，能作掌上舞"。贵族的喜好加上民间女乐的发展，共同促进了汉代舞蹈艺术的繁荣。我们这个姑娘虽然是身在岭南的越族女子，却穿着汉服、跳着楚舞，可见这种舞蹈在当年的流行程度，这也从侧面反映了楚汉越三种文化的相互交融。

由于汉代舞蹈的盛行，玉舞人的形象在全国并不少见，单单是南越王墓就出土了6件玉舞人。而这件不仅造型和舞姿与众不同、具有南越特色，而且还是首见的汉代圆雕玉舞人。所谓圆雕，就是一种立体雕刻的技法，能够360°全方位地展现这位舞者婀娜的舞姿。可以来对比平板线刻的玉舞人和圆雕，通俗地说，一个是2D版，一个是3D版。

» 平板线刻玉舞人

这件玉舞人本身非常的袖珍，她的高度和宽度都不超过3.5厘米。小小的一块青白玉，定格了一位女子翩翩起舞的瞬间，这种生动细致的刻画，充分体现了汉代玉工高超的雕刻技艺。

玉美、人美、舞美，中国的舞蹈就和中国的诗词一样，深沉含蓄，意境悠远，这是中国传统文化特有的审美意识和情感表达。即便时光过去2000年，岁月的痕迹让这件玉舞人不复当年的光泽，但我们依然能透过她浪漫飘逸的舞姿，感受到岭南文化兼容并包的精神，感受到那个时代的人对于尽善尽美的执着追求。

汉俑·汉服·汉礼

汉景帝阳陵博物院　贾子钰

» 塑衣式拱手踞坐女俑

汉服，行的是汉礼，大家都知道，中华民族的礼仪文化源远流长，从古至今，一脉相承。道德是中华优秀传统文化的精髓，礼仪是东方人文明修养的载体。

这三件陶俑是在汉景帝阳陵出土的。

这里介绍的第一件陶俑，考古学家起了一个很专业的名字，叫作"塑衣式拱手踞坐女俑"。"塑衣"就是指衣服直接塑画在身上，"拱手"是她的手部姿势，"踞坐"就是双膝跪地，臀部坐在脚后跟上，这是秦汉时期最标准的礼仪坐姿。

第二件陶俑是一位翩翩起舞的舞女。她身材高挑，双膝微曲站立，右臂上扬，左臂向内自然弯曲，动作舒缓而典雅。苗条的身材、曼妙的舞姿，仿佛正随着音乐节拍舞动，静态的形象中蕴含了丰富的动态美，活脱脱地再现了一代名姝赵飞燕掌上起舞的风采。汉代在大型庆祝和宴饮场合中，乐舞都是必不可少的，只有这样，才能达到欢乐喜庆的效果。

第三件是一位身着四重深衣的女子，她屈膝、含胸，双手拢于宽大的袖筒内，端庄肃穆，这种站姿就是汉代宫廷里宫女"肃立"的形象。据西汉贾谊的《新书》记载，最正规的站姿叫作"经立"，经立时，要挺胸抬头，臂如抱鼓，这种站姿便于在

» 舞女俑

重要场合行礼叩拜。古代人行礼，根据场合和对象的不同，所行的礼也不同。如果在正式场合，平辈见面，行礼时双手合拢到胸前，微微鞠躬，起身还原；对待长辈就更为庄重，行礼时，双手合拢到口鼻的高度，鞠躬，起身还原；而汉礼中的最高礼仪是叩拜礼，在祭祀、朝见天子、叩拜父母或者拜师、大婚等重要场合使用。行礼的时候，双手从两侧打开，合拢到额头，双膝跪地，缓缓下拜叩首，手掌着地，额头贴在手背上，然后直起上身，站立后手放回原位。

三件陶俑共同展示了汉服汉礼的华美庄重，体现了汉文化的博大精深。尽管她们是汉代人的艺术作品，却都是古代礼制和女子修养的真实写照。《汉书》记载，西汉时期，汉成帝的宠妃班婕妤，被成帝视为良师益友，成帝下令专门为他俩人制作一辆大型车辇以备出游，班婕妤说："不可，圣贤之君，都应该是名臣在侧。夏桀、殷纣王和周幽王都是因为宠幸妃子，落到了国破君亡的下场。"王太后知道后，对班婕妤大加赞赏，说她知礼仪、识大体，是后宫嫔妃的道德楷模。

» 塑衣式彩绘侍女俑

礼仪文化是中华优秀传统文化的重要组成部分，也是中华民族屹立于世界民族之林的精神标识。今天，我们学汉礼，讲礼仪，正是传承中华优秀传统文化的积极实践，也是中华民族精神气度的完美体现。让我们以德立身、以礼相待，不仅把服饰之美穿在身上，更要把礼仪之美记在心中！

击鼓说唱俑

四川博物院　周瑾璇

　　在中华文明的历史长河里，两汉时期，是一个灿烂辉煌的时代，蕴藏着极其丰富的艺术财富，汉代陶塑艺术就是在这片沃土上产生的艺术瑰宝，具有浓郁的地方风貌和时代特征。在四川博物院，就有这样一件汉代陶塑艺术的经典之作，它就是击鼓说唱俑，它于1963年出土于成都郫县宋家林东汉砖室墓中，俑高66.5厘米，灰陶做胎，手塑成型，因其具有极为生动传神的造型和超乎寻常的亲和力而被世人瞩目。

» 说唱俑正面　　　　　　　　» 说唱俑侧面

他身材矮胖，身躯微扭，挺胸鼓腹，双腿下蹲屈膝，左手扶鼓，右手握锤，上身袒露，下身裤筒肥大，仅露出脚趾。最有趣的是，这肥大的裤子已经垂至腰际以下，似乎，还可能继续滑落，可他却浑然不觉。再看他的表情，与我们以往看到的神情肃穆的陶俑不同。他的表情十分滑稽，头微微向左偏，缩着脖子，歪嘴露舌，夸张的面部表情神采飞扬，半眯着的眼睛生动传神，翘起的臀部伴随着扭动的身躯，似乎正配合着"咚咚"的击鼓声，说唱着一段既精彩又滑稽的故事。

» 说唱俑面部

汉代陶塑匠人那精湛的技艺，竟能将这稍纵即逝的瞬间凝成永恒，把说唱俑刻画得如此栩栩如生，仿佛从历史的尘埃中走来，让每个看到他的人都忍不住会心地微笑。

» 说唱俑腿部

这件说唱俑不但造型滑稽可笑，就连身材比例也有些失调。他到底是什么身份？他又在表演什么呢？据《汉书·霍光传》记载："击鼓歌唱，作俳优。"那么，什么是俳优呢？其实，俳优，就是古代专业的说唱说书艺人。汉代的俳优表演者大多是身材矮小的侏儒，这件说唱俑就是汉代俳优的真实再现，彰显了东汉平实感人的生活气息，是陪葬陶俑中少有的传世佳作。

陶俑作为陪葬品，是"厚葬"风俗的产物，最早出现在战国时期，用于取代活人殉葬的古老传统，是文明的进步。在四川，汉代陪葬俑中不仅仅有耐人寻味的说唱俑，还有婀娜多姿的歌舞俑、纯朴憨厚的劳作俑、相貌威武的武士俑、全神贯注的杂技俑。以击鼓说唱俑为代表的汉代陶塑艺术，具有浪漫的写实性，洋溢着浓郁的情感色彩，使人过目难忘，仿佛置身汉代，感受着盛世天府歌舞升平的繁华景象。

时光流逝，虽然令人神往的大汉雄风时代已经离我们远去，但击鼓说唱俑作为时代产物却幸运地传承至今。当我们再一次细细回味这尊陶俑时，会发现，它凝聚着陶塑艺人一丝不苟、追求卓越的工匠精神，化身为不朽的杰作和永恒的经典，重现着千百年前蜀风汉韵的辉煌风采，传唱着属于它的中国故事。

汉墓里的世界之最
——莱西大木偶

青岛市博物馆　赵笋

　　当人类文明迈进21世纪，形形色色的智能机器人对我们而言已经不再陌生。可不知同学们是否想过，数千年来，从提线的木偶到人工智能，人类社会经历了怎样一次又一次的飞跃。让我们一起穿越这时光隧道，回到2000年前，去看看汉代先民用智慧创造出的"世界之最"。

　　在中国文化典籍中，关于木偶的记载不绝于册，但其历史真容却因考古证据的缺乏，而一直只存在于今人的想象中。直到1978年，青岛莱西岱墅村两座西汉古墓中的发现，令这一传奇技艺破土而出、惊艳世界！这就是迄今为止仍被考古学称为史上首次、世界之最的"莱西大木偶"。

　　这是两座西汉早期品级较高的夫妻异穴同葬墓，距地表7米。出土随葬器物283件，出土器物种类之广、为数之繁，在山东省同一时期出土的随葬品中尚属罕见。莱西大木偶是在男性墓主人的随葬品中发现的，一经问世，立即引起了国内外考古界及有关专家学者的高度重视。它的出现，将中国有实物考证的木偶制作历史推进到了2000多年以前。

» 莱西大木偶

这件大木偶的身高达1.93米，与真人等高，头颅部分采用圆木整雕，整个头部可以灵活地转动。木偶的面部以明快的刀法雕刻出耳、目、口、鼻，虽然只有寥寥数刀，线条却泾渭分明、十分生动。

可是为什么要在大木偶的额头处凿有一条浅槽呢？

专家判断，可能古人用它来给木偶镶嵌头发，以使它更加接近真人的面貌。令人拍案叫绝的是，木偶的全身由完全根据人体骨骼的比例雕刻而成的13块木条构成，木条之间采用卯榫技术衔接，因此木偶的全身关节都可以活动。这件木偶可立、可坐、可跪，动作十分灵活，隔幕布牵动它，与真人无异。恰如古诗云："刻木牵线作老翁，鸡皮鹤发与真同，须臾弄罢寂无事，还似人生一梦中。"

» 木偶头部

» 额头处的浅槽

这样的大木偶在2000多年前到底是做什么用的呢？关于它的用途仍然众说纷纭，有专家根据史书记载推测，在汉代，它是用来表演"丧家乐"的随葬偶人。

我们都知道，木质文物极易腐朽，而这件大木偶能在地下深埋2000多年又重回人间，实属不易。莱西大木偶是迄今考古界所发现的年代最早、形体最大、保存最好的木制偶实物，被定为国家一级文物。这件稀世国宝的重现，为研究我国古代木偶制作提供了难得的第一件实物资料，有着极其重要的历史和艺术价值。2015年，莱西大木偶还成为世界休闲体育大会吉祥物"莱哥""西妹"的设计原型。目前，青岛市正在积极探索木偶衍生品的制作和开发，在影视之城建设中推动木偶动漫影视产业的发展。

» 卯榫技术

如今，这件大木偶作为连接古今的文化使者，虽然历经尘封岁月的侵蚀，却因文博人的智慧，重新"活"了起来，它所传递出的技艺之魂、民族精髓，正向我们无声地讲述着弘扬中华民族文化遗产的更加精彩的中国故事。

竹木写春秋

甘肃省博物馆学生志愿者　马雨宁

指导老师：卢　冬

　　书，是人类智慧的结晶。书，童叟皆知。可是，你知道中国最早的书是什么样的吗？它是由一根根写有文字的竹木条组编而成的，被称为简牍。简牍是真正的最古老的书，它的出现，标志着中国文化巨变的开始。中华5000年文明历史，而竹木作为书写材料的历史就有2000多年，可谓战功赫赫、地位卓越。那么，就让我们共同走近简牍，一睹它悠久的历史吧。

» 简牍

　　一般认为，竹为简，木为牍。近年来，专家统一了看法，把较窄的竹片、木片统称为简，把较宽的竹板、木板统称为牍，最长的3尺，最短的只有6寸，汉代的1尺，大约是现在的23厘米。

　　简牍因内容和用途不同，称谓也有区别，比如军事上的文书叫"檄"，也就是"檄文"的"檄"；用于告示的文书叫作"榜"；将信写于木版，然后再加一版，叫作"检"；在检上写寄信人和收信人的姓名、地址，叫作"署"；用一根绳子将检捆绑在一起，在绳子打结处，用泥嵌上，加盖印章，以防人拆动，这种做法叫作"封"，一封信的"封"就是从这里来的。

　　今天，简牍已成为我国优秀古文化历史的见证，甘肃地区出土的简牍就是这些历史见证的重要印记，比如馆藏甘肃省博物馆的汉代"王杖十简"和"仪礼简"，同时甘肃也被誉为中国北方的"简牍之乡"。

1959年出土于甘肃武威磨嘴子汉墓的"王杖十简"，出土时悬挂于王赐的拐杖上，简长23.2厘米，宽1厘米，因为内容是关于汉代朝廷为70岁以上的老人赐王杖的律令，共有十枚，故称为"王杖十简"。它的大意是皇帝给70岁以上的老人赐拐杖，给予种种特权和优待，如老人的地位相当于六百石官吏，入宫廷可以不弓腰低头，做生意可以不上税。如有欺负、殴打老人者判死罪。王杖十简是研究汉代尊老扶弱制度的珍贵资料。

"仪礼简"也出土于甘肃武威磨嘴子汉墓。仪礼简，我个人理解，它相当于我们今天的"礼仪规范守则"。内容包括士相见之礼、结婚礼、丧礼、服装礼等，是目前所见关于仪礼的最早写本。它的做工十分精美，简册书写工整秀丽，是汉代隶书之上品。这些隶书有的刚劲有力，有的温文清秀，有的粗犷奇崛，这是古代艺术家对中国书法所做的卓越贡献，成就令人惊叹。

智慧的古人为后世留下了充满灵气的简牍。这些神奇的小小竹木片，构成了一部"中国汉代百科全书"。随着研究的深入，这些古老的竹木片一定会走出国界，大放异彩，为弘扬中华优秀传统文化，丰富世界人类文化宝库做出应有的贡献。

» 王杖十简

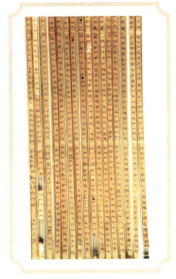

» 仪礼简

一件奢华的贵族女性装饰品
——晋侯夫人玉组佩

山西博物院　韩　敏

» 晋侯墓地 63 号墓出土玉器

最新一季的流行元素中，珍珠、宝石、玫瑰金成为时尚大咖所钟爱的配饰材质。但无论时尚怎么变幻，在中国人心中，对玉的喜好，从未改变过。我们形容女孩子长得漂亮，常说"亭亭玉立"，而形容男子长得帅气，常说"玉树临风"，形容我们内心的高洁情感，会想到"一片冰心在玉壶"。在中国，人们对玉的钟爱，由来已久，从未间断。

1992年，山西曲沃县发掘了著名的晋侯墓地，在这里共发现19座大墓，都是历代晋侯及夫人的墓葬，出土玉器最多的一个墓数量达到了800余件，玉组佩正是出土于这座大墓。

整套玉组佩是由204块玉片组成的，是晋侯墓地出土最大的玉礼器组合。

你可能会好奇，在当时如此大型的组佩是怎么使用的呢？下面，请闭上眼睛，我们一起穿越回2000多年前的山西，来感受一场晋国大型的祭祀活动。这是

» 玉组佩细节图

一年中最重要的日子，天籁之音不绝于耳，各式礼器一应俱全。你看，远处衣着华丽的女子正缓缓向我们走来，作为晋国地位最高、最尊贵的女子，她胸前佩戴着这套组佩。步履轻盈、身姿摇曳，佩玉间相互撞击发出叮叮当当的声音，诗经有云"将翱将翔，佩玉锵锵"，那真是视觉和听觉的双重享受。女子的脚步越来越近，我们可以更清晰地看到组佩的全貌，在每一片玉饰之上都雕刻着精美的纹饰，有龙纹、凤纹、羽纹……"雕琢复雕琢，片玉万黄金"，我们可能无法想象，2000多年前，古人仅仅靠双手和简单的生产工具就能打磨出如此精致的玉器，在当时他们可能付出了数年乃至一生的心血。

此时，你的心中是否产生了一个疑问呢？制作玉组佩的这些玉石都是来自山西吗？其实，山西是不产玉的，古诗有云"春风不度玉门关"，玉门关这个地名，正是由于它作为中国古代玉石运输的重要通道而得来的，因此，这些玉石都是千里迢迢运输而来的，就像我们今天提出的"一带一路"倡议。早在2000多年前山西就已经与周边地区互通有无，有着频繁的贸易往来。

浩瀚的史料遗忘了这样一位三晋女子，到今天我们对她的身份知之甚少，只在随葬的青铜器上发现"杨姞"的字样，她可能是当时由杨国嫁到了晋国的姞姓女子，而当她永远沉睡于脚下的这片黄土地时，玉组佩也带着她生前的荣耀和对生命的无限眷恋一同埋葬。

» 玉组佩

历史虽然远去，而每当我们看到它时，仿佛又回到了那个环佩叮当、行走有度的时代，体会到悠久而灿烂的中国玉文化。

古道遗珍　鸭形玻璃注

辽宁省博物馆志愿者 陈维佳

鸭形玻璃注是辽宁省博物馆的一件稀世珍宝，国家一级文物。2010年曾入选上海世博会，赢得世人瞩目。

它的出土，要从一项重大考古发现说起。1965年，辽宁省博物馆考古工作队在北燕龙城（今天的辽宁朝阳）首次发现了一处十六国时期的墓葬。墓主居然是北燕开国宰相冯素弗。随葬品近500件，其中就有这件罕见的鸭形玻璃注。

» 鸭形玻璃注

算起来它沉睡地下已经1600年了，难以置信的是，它仍然完整如新！这真是一个奇迹！它呈淡绿色，半透明，横卧大约20厘米长，70克重。叫它鸭形玻璃注，是因为它的外形像一只呆萌的小鸭子，圆肚子，细尾巴。夸张地伸着长脖子，张着大嘴巴。好像嗷嗷待哺，又像引吭高歌。器身是吹制成型的，上边装饰的翅膀、翎毛都是用玻璃条盘卷粘贴的。概括而形象，充满想象力。这么奇特的动物形早期玻璃器，目前全世界仅此一件。

这还不算，这件鸭形玻璃注还另有玄机。小鸭子头重尾轻，重心在前，腹中空空的时候会低头前倾；注满水吧，水又溢出瓶口；只有水至半瓶，重心后移，小鸭子才能昂首直立！

这个有趣的设计让我们联想到中国古老的欹器。它是古代帝王奉为座右铭的特制水罐。空罐歪斜，满罐仰翻，只有盛水适中才能端正。

它们有着异曲同工之妙：都是虚则欹，满则覆，中则正；都能托物寓理，形象地阐释着同一个哲理——满招损，谦受益。

难怪史书记载，位高权重的冯素弗为人却是"……谦虚恭慎，非礼不动，以身帅下，百官服之……"这件鸭形玻璃注或许就是当年冯大人修身治国座右铭的体现吧。

睹物思古，我们越发好奇鸭形玻璃注的身世。据专家考证，它并不是中国制造的。当时中国还不能制作这种钠钙玻璃，也没有掌握吹制成型法和热贴装饰工艺。它应该是东罗马制品。

那我们不禁追问，东罗马远隔重关，鸭形玻璃注怎么会出现在北燕龙城呢？

原来在古代中国北方有一条草原丝绸之路，和西域、欧洲保持着频繁的商贸往来。龙城是草原丝绸之路东段重镇，东西往来的商队络绎不绝。这件鸭形玻璃注就是从这条古道传入中国，落脚北燕的。它是草原丝绸之路东西方文化贸易交流的历史见证。

昔日的喧嚣已经远去。今天，标志着新时代国际合作的"一带一路"倡议正蓬勃兴起。

鸭形玻璃注所折射的思想、文化内涵，成为璀璨的历史符号，连接古今。

草原丝绸之路的传奇故事，又将续写千年华章，历久而弥新！

北魏石佛像

青岛市博物馆学生志愿者　刘鉴微

　　走进青岛市博物馆的一楼大厅，映入眼帘的是两尊气势磅礴、生动形象的石造像——北魏丈八佛。如果你是第一次看到这两尊大佛，也许，你会震撼于它们的雄伟壮观；也许，你会被它们的生动传神所吸引；也许你会沉浸于它们的制作精美。而我，却被这两尊大佛饱经沧桑的经历所折服。这两尊大佛无论从外形还是其背景，都能让我们深刻感受到其独特的艺术价值和文化魅力。

　　两尊大佛俗称"丈八佛"，是中国北魏时期的石造像，距今约有1500多年的历史，每尊佛像身高一丈八尺（约6米）、重约30吨。作为青岛市博物馆的"镇馆之宝"，大家想知道它的过人之处吗？就让我来为大家揭秘吧。第一，两尊造像的体量之大，堪称全国之最。这两尊石佛像是用两块完整的30多吨的巨石采用圆石整雕法一气呵成的，没有进行任何拼接。第二，如此巨型的石像，保存之完整，堪称全国之最。第三，其雕刻艺术手法之精湛，堪称全国之最。与拼接的石像不同，这两尊石佛采用整雕法雕刻。我们也惋惜过很多石佛像

» 北魏丈八佛

的残缺不全，而这两尊石佛，它们完好无缺的奥妙在哪儿呢？石佛肩头的衣纹，在1500年前雕刻它们时，石匠便已注重衣纹的层叠有致，雨雪天产生的流水可以顺势而下，大大减少积水对石佛的侵蚀。采用立体支撑学原理雕琢的直角衣袖，则更是让佛像历久弥坚。石头，最大的特点是坚硬。大佛衣服上的纹理，轻轻波动的衣襟，宛若阵阵微风吹过，两尊大佛的粗犷设计中带有轻柔的动态变化，一下就增添了许多

» 肩头衣纹

» 衣袖

» 衣服上的纹理

» 手势

生气和浪漫色彩，使两尊大佛活灵活现地展示在我们面前，石像在粗犷中雕刻出流动的轻柔，尽显风雅和神韵，可见雕刻技法之高超。这两尊石佛的手势，右手上扬、左手下垂，掌心向外，这个手势，叫作"施无畏、与愿印"，寓意让大家无所畏惧，所祈求的愿望都能实现。

两尊大佛能保存至今，可谓历尽沧桑与磨难。1928年日本入侵山东后，垂涎两尊大佛已久，曾两次将这批珍贵文物劫走，运到淄河店火车站，准备运往日本。而当时适逢济南"五三惨案"发生，中国人民反日斗争此起彼伏、风起云涌，日本侵略者迫于抗日斗争形势，才未敢将这批文物劫走。1930年，青岛四方机厂获知此事，厂长栾宝德先生亲自调派专列将这两尊佛像运至青岛，安放在当时厂外的四方公园内，供游人参观。1979年，两尊大佛被运送至青岛市博物馆，并作为"镇馆之宝"陈列展出。

北魏石佛像是祖先留给我们的无价之宝，目前在全国范围内室内展陈的两佛并立的丈八佛仅此一对，它们的艺术价值和历史价值是不可估量的，其雕刻工艺将北魏时期的佛造像艺术风格展现得淋漓尽致，而它们曾经的沧桑和安然的回归，也是一个传奇……

大医精诚　纸墨千年

天津博物馆　李文静

　　纸的发明是古代中国对人类文明的一项杰出的贡献，它的出现使书写和记事都变得更加简单方便。但一张薄薄的纸想要长久地保存却没有我们想得那么简单。我们知道，纸是由多种有机物组成的，特别容易受到发霉虫蛀的困扰，而在天津博物馆中，却收藏了很多价值极高的敦煌写经。这些经卷穿越了千年出现在我们的面前，历经时光蹉跎仍然完整有序，字迹清晰。这些经卷是如何保存下来的呢？答案就藏在这微微泛黄的藏经纸中。它不仅仅是岁月的颜色，更多的是隐藏在其背后的神奇的防腐技术。这源于一种植物，它的名字叫作黄檗。

» 隋朝《大楼炭经》第六卷

　　黄檗是一种开黄绿花的落叶乔木，也是一种常见的中药，《神农本草》等药书中都记载了黄檗既可染黄又可治病的功能。因为它具有清热解毒的效果，所以它成为古人治疗痢疾等胃肠道疾病的良药。黄檗树皮是黄色的，古人就将造好的纸张浸泡在用黄檗树皮泡水后的汁液里，使药液渗透于纸张，然后再将泡好的纸张晾干，以备书写，称为黄纸。这就是我国最早的染色加工纸了。

经过研究，黄檗树皮里含有小檗碱、黄柏碱、药根碱等，这些不仅是黄檗染料的主要成分，而且还具有杀虫抑菌的效果，浸染后的黄纸具有一定的毒性，所以蠹虫不蛀，可以保留很长时间。这种染纸方法起源于魏晋时期，到了唐代，纸的染色加工技术得到了全面发展。宋代时，赵希鹄在《洞天清录集》中提到："硬黄纸，唐人用以书经，染以黄檗，取其避蠹"。这记载了黄檗具有染色避蠹的功效。而到了今天，医药工作者更是从中提炼

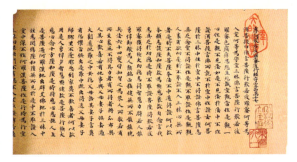

» 唐代《摩诃般若波罗蜜道行经》

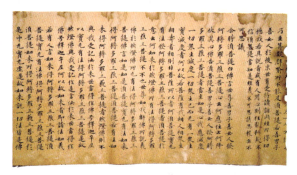

» 唐代写经卷

制作成了现代人家中常备的药，它就是盐酸小檗碱，也就是黄连素。

依靠中药特性防虫，再加上敦煌常年少雨多风沙的气候特点，古人利用自己的经验，将一卷卷一排排的经书，贮存在了干燥又封闭的藏经洞中，保存千年而不腐！而这些都来自伟大的中国人民长期观察并利用自然科学的结果，是中国人智慧的结晶。

每当我流连在敦煌经卷的展柜前，都不得不惊叹于中国古人的聪明智慧。现在的我们将高科技化学药物运用于纸张中，保存环境也已经依靠光电科技制作出了恒温、恒湿、低亮度的保存空间，想留下一张纸再也不像古时候那么困难了，这就是科技带给人类的力量。

习主席曾说："让文物说话，让历史智慧告诉人们。"我想，我们不仅要对历史文化怀有敬畏之心，更要让那些在历史长河中积淀下来的灿烂文化走进当代，走进百姓生活；让那些文物中蕴含的科学与文化真正影响我们的精神追求；让中华民族屹立在世界之巅！

追随华夏始祖——伏羲女娲图

新疆维吾尔自治区博物馆　帕丽巴克·激浪

　　一幅图画，几千年来难解其中的秘密，不仅仅是因为深奥难懂，更主要的是因为寓意纷呈且层出不穷，就像是一个一层层叠套在一起的魔盒，每打开一层，就让世界惊讶一次。

» 阿斯塔那墓伏羲女娲绢画

　　这幅图画就是1967年出土于新疆吐鲁番阿斯塔那墓地的伏羲女娲绢画。伏羲女娲，相传是中国神话里的人类始祖。他们人面蛇身，下半身蛇尾交缠，这是在说人类的生殖，还是在说人类无法摆脱的动物性？他们高举着规和矩，是在规范人类社会的秩序，还是宣示一种人类不可抗拒的宇宙力量呢？

　　吐鲁番阿斯塔那墓地，是西晋到唐代时期高昌国的公共墓地，古墓出土了文书、绘画、泥俑等珍贵文物上万件，因此被称为"地下历史博物馆"，而这里讲的这幅绢画就出土于阿斯塔那76号墓地。整幅绢画纵184厘米、上宽85厘米、下宽75厘米，整体呈梯形。画面中伏羲在左，他左手执矩，象征地是方的；女娲在右，右手执规，象征天是圆的，古代天圆地方的说法在这里得到了很好的体现。同时，规和矩是我国古代最重要的两件绘图工具，所以就有了"没有规矩不成方圆"的说法。图的上方中部画着圆圈，象征太阳，四周以线相连的圆圈，象征星辰。图下方中部圆圈象征月亮。构图奇特，寓意深刻，富于艺术魅力和神秘色彩。这种图像在吐鲁番地区古墓中多有发现，一般出自夫妻合葬墓，用木钉钉在墓顶上，少数则折叠包好放在逝者身旁。据说伏羲教导人们从事生产，女娲教导人们婚姻伦理。他们手持规矩，既是生产工具，也是社会秩序的象征。

» 伏羲女娲雕塑

伏羲女娲，原本是中原文化的元素，为何出现在新疆吐鲁番地区？原来，在中原地区，伏羲女娲图画从汉代起就开始流行了。从魏晋时期起，随着中原文化和西域文化的日益交流、交往、交融，这种图像也传到了吐鲁番，成为这个盆地古老的文化传统之一。并且高昌古城恰好处于古丝绸之路的交叉口，在多种文明的冲击下，伏羲女娲图也演化成了不同形态，并成为西域丧葬文化的一部分。

中华民族虽然由于各种原因历经沧桑，经过了数不清的分离和融合，但蓦然回顾历史，就会发现大家原是血脉相连同根生，这是任何力量都割不断的中华民族同源共祖的历史现实。而伏羲女娲图，正是新疆自古以来就是祖国不可分割的一部分的有力证明！

» 绢画彩绘伏羲女娲图

舞姿潇洒夸盛唐——胡腾舞俑

甘肃省博物馆志愿者　丁　宁

"胡腾身是凉州儿，肌肤如玉鼻如锥；铜布轻衫前后卷，葡萄长带一边垂。"这四句诗出自唐代诗人李端的《胡腾儿》，它所描述的是"胡腾舞俑"。

这尊"胡腾舞俑"，馆藏于甘肃省博物馆，高有13.4厘米，其大小仅相当于现在的智能手机，不过可别小瞧它，这可是迄今国内唯一的铜质"胡腾舞"雕像，在1996年被评定为国家一级珍贵文物。

舞者深目高鼻，说明是来自异域的民族。头戴尖顶帽、身穿窄袖长袍、裙摆飞扬；足蹬弯头软靴，右臂上举、左臂屈肱身侧，左足独立于莲花圆盘上，右腿屈伸上提，作舞蹈状。丝路晚会上，舞台中央的那位舞者的装扮与千年前的这尊塑像几乎一模一样。

» 胡腾舞俑

这种独特舞蹈，最早是中亚"昭武九姓"中石国的男子独舞，石国大致在今天中亚的乌兹别克斯坦一带，后经丝绸之路传到长安并被引入宫廷，受到隋唐统治者的偏爱而风靡天下。它刚劲有力、迅疾敏捷、急促多变、腾踏跳跃，因此有个好听的名字——胡腾舞。

唐代历史上有两个很出名的人，一个是杨贵妃，另一个则是安禄山。《唐书》中记载安禄山身体肥硕、大腹下垂、行走不便，但他和杨贵妃在唐玄宗面前跳胡腾舞时却能快速旋转，"乃疾如风"。足见这种舞蹈节奏之快，及其在当时受欢迎程度之高。

更为有趣的是，这位舞者身后还背着一个酒囊，不禁让人想起"李白斗酒诗百篇"的故事。在艺术王国中，酒这种神奇液体往往是艺术家们天才创作或表演的最佳伴侣。雕像中这位从中亚石国远赴中原的胡儿，是助雅兴，还是浇乡愁，我们不得而知，但是当他在痛饮了身背的葡萄美酒后，伴随着音乐的节拍，在色彩鲜艳的圆形舞筵上腾踏起舞，舞姿豪放，刚柔相济，其炽烈的情感倾倒了在场所有的观者，更是感染了千年之后的你和我！

舞蹈，是人类的身体语言，是各文明中占有主流地位的艺术形式。作为一种来源于西域的舞蹈，胡腾舞以其男性的阳刚之美风靡了唐代朝野，成为当时西域各民族舞蹈的杰出代表，更体现了丝绸之路上中外文化的交流与融合。这尊胡腾舞俑塑像矫健的身姿穿越千年时空，为我们再现开放包容、国力强盛、异彩纷呈的大唐盛世，成为中国艺术史上不朽的精品。

辽墓中的唐代风韵
——《杨贵妃教鹦鹉图》

赤峰市博物馆　黄　露

　　说到杨贵妃，大家可能会想到这样一诗句："一骑红尘妃子笑，无人知是荔枝来。"这首诗让我们知道了杨贵妃对荔枝的喜爱。但大家可曾知道，贵妃对鸟更是情有独钟。

» 《杨贵妃教鹦鹉图》

　　《杨贵妃教鹦鹉图》展现了杨贵妃教鹦鹉诵经的场景。壁画出土于内蒙古赤峰市阿鲁科尔沁旗宝山辽墓的2号墓，画高0.7米，宽2.3米，绘制于公元923年前后，它是迄今发现最早，画技最高的辽代壁画之一。画面正中的杨贵妃秀美典雅、仪态万千，手持拂尘、端坐在高背椅上，平展案上经卷，颔首俯视，眉眼间，似乎在向侧立的鹦鹉传授着什么？壁画右上角的题诗告诉了我们答案："雪衣丹嘴陇山禽，每受宫闱指教深，不向人前出凡语，声声皆是念经音。"这首诗的内容在唐代的《明皇杂录》中也有记载：开元时，岭南地区进献了一只会说话的白色鹦鹉，名叫"雪衣娘"，它聪慧机敏，通晓言词，深得贵妃喜爱。杨贵妃日日口传《多心经》教于雪衣娘，希望能避祸难。

» 画中贵妃

那么，为什么地处北疆的辽墓壁画中会出现唐代贵妃的身影？

我们知道，辽建国后在政治上实行了"南北面官制"，这大大加强了北方少数民族和汉民族的文化交融。作为辽的发源地——赤峰，在地域上距离中原较近，这为民族间的相互往来提供了地利之便。所以，在赤峰地区的辽墓中能发现唐代贵妃的身影也就不足为奇了。

回过头，我们再来欣赏这幅壁画。整幅壁画构图工整，用工笔重彩绘制，极富感染力。画中的贵妃，云鬓抱面、高髻蝶梳、头戴金钗、面如满月、美艳动人。贵妃身穿浅红色球路纹宽袖袍、红色抹胸、蓝色长裙，艳而不妖、丰而不肥。侧立的鹦鹉，羽毛洁白、长尾如带、钩喙点红、俊俏灵秀。贵妃身旁有6位侍臣、侍女，身后有湖石、棕榈、翠竹相衬。壁画着色艳丽、人物生动、技法高超。

» 画中鹦鹉

不仅具有明显的唐代宫廷绘画特点，也反映出五代时期绘画的新变化，更充分展示了辽代初期绘画艺术取得的瞩目成就。

历史的长河只有经过岁月的沉积才显得厚重，《杨贵妃教鹦鹉图》展示出的不仅是中国绘画艺术上的文化自信，也体现着1000多年前开放包容的民族心理对先进文化认同的道路自信，更昭示着曾经辉煌的大辽王朝特有的民族自信。放眼望去，这份自信将为我们铸就繁荣的新希望！

赵城金藏

国家典籍博物馆　赵国香

　　《赵城金藏》是我国大藏经中的孤本，是一部百科式的佛教全书，它刊刻于金大定十三年（公元1173年），距今已有800多年的历史。因雕刻于金代，故称"金藏"，又因原藏于山西省赵城县，故名《赵城金藏》。全部经卷共1379部、6943卷，达6000多万字。这样一部气势宏伟的藏经，它的募资刊刻之人竟为一名女子。据《永乐大典》记载，《赵城金藏》是金代潞州民女崔法珍断臂化缘，历时29年才得以刊刻完成的。现存4000余卷，全世界只此一部，因而十分珍贵，它与《永乐大典》《四库全书》《敦煌遗书》并称国家典籍博物馆的四大专藏。

» 《赵城金藏》中的两件卷轴

　　从金代开始，《赵城金藏》就被保存在山西省广胜寺内，作为广胜寺的镇寺之宝，几百年来驻寺僧人从不轻易将《赵城金藏》示人，所以经历了元、明、清几代，都很少有人知道广胜寺内有《赵城金藏》。直到1933年，高僧范成和尚来到广胜寺，在藏经柜中发现了这部金代大藏经，而此时的《赵城金藏》只剩下5000多卷。

　　时至日军侵华的不断深入，中国地方的文物成为他们搜掠的重要对象，《赵城金藏》自然也难以幸免。1942年春，解放区太岳区第二地委收到广胜寺主持——力空和尚的求救，得知侵华日军将掠夺《赵城金藏》，于是立即报告太岳军区的陈赓将军和政委薄一波，军分区当即组织力量抢救，将全部藏经安全转移。

在接下来的反"扫荡"中，八路军战士始终以"人在经卷在，要与经卷共存亡"的精神，用生命保护着藏经。他们身背经卷在崇山峻岭中与日军周旋。由于行军战斗频繁、携带不便，又深恐经卷散失，于是这些经卷被分别藏在山洞中、废煤窑内，派人看管。因日寇的频繁扫荡，藏经也是几经辗转

» 广胜寺

迁移。经历数百年的沧桑、几十年的炮火硝烟，在1949年4月30日，4330卷、残破零散者9包的《赵城金藏》被运抵北平图书馆，即现在国家图书馆的前身。

由于时代久远且多年保存条件恶劣，《赵城金藏》的多数经卷受潮断缺、粘连成块，许多经卷已经没法打开，甚至成为"碳棒"。作为新中国成立后第一个由国家拨款的大型古籍修复项目。在百废待兴之时，政府举全国之力支持这项古籍修复，为此专门调来4位古籍修复高手，本着整旧如旧、保存原样的修复原则，历时近17年，最终完成4813卷的修复，如今这些经卷被完好地保存在国家典籍博物馆的地库中。

《赵城金藏》是宋代《开宝藏》的复刻本。《开宝大藏经》是我国第一部木刻大藏经，收录了唐朝玄奘法师从印度取回的佛经，同时它也是我国历史上刻印佛教经典全藏的一个开始。时至今日《开宝藏》已散失殆尽，全世界仅存十几卷。《赵城金藏》保存着开宝藏的原貌、雕刻工整、纸质优良、内容丰富、经卷保存多且完好，堪称稀世珍宝，在我国佛教史、印刷史、美术史上都占有十分重要的地位。

1982年，国家典籍博物馆前任馆长任继愈先生主编的《中华大藏经》便是以《赵城金藏》为底本来影印的。为了让更多的人了解这部经卷，国家典籍博物馆向公众提供《赵城金藏》的全套缩微胶卷。同时国家典籍博物馆也在与多家出版社合作，期待《赵城金藏》的仿真彩色影印版早日面世，让这件国宝焕发异彩、为全世界所用。

从李嵩的《货郎图》看
宋代"重商"之风

杭州世博案例馆　崔　栋

　　杭州世博案例馆中有组展品叫货郎出街，它再现了南宋大画家李嵩的《货郎图》。李嵩是杭州人，他的这幅画反映的是货郎贩卖商品时的热闹场景，从中我们也可以看到宋代的重商思潮。

　　货郎是走街串巷沿街贩卖商品的小贩。

» 货郎出街场景

　　货郎所带商品琳琅满目杂而不乱，粗略估计有数百件之多，但我们可以大致分为日用生活类、粮食调味品类、儿童玩具类，这阵仗像不像今天的小超市？由于灵活的贩卖方式，它跟我们今天的网购有几分相似。

　　首先，走街串巷沿街贩售的方式就像我们今天的"送货上门"，再者面对面交易现货现付就像今天的"货到付款"，由于竞争激烈货郎还要用抽签摸骨牌等方式招揽顾客就像今天的"有奖销售"。俗话说"三百六十行，行行出状元。"据《西湖老人繁盛录》记载，当时南宋的杭州早有412行之多。那么如此精细的分工，如此繁多的商品种类，如此灵活的商业模式何以在宋代蔚然成风？这就不得不说宋人重商观念的形成。何以见得呢，我们来翻看史料典籍。

» 贩卖商品的货郎

首先，宋太祖和宋太宗都颁发过恤商法令，严禁官吏勒索刁难经商之人，这说明国家最高领导人对商业的开明态度。其次，范仲淹高呼"此弊已千载，千载犹因循。吾商则何罪，君子耻为邻"。诗中的此弊特指重农抑商思想，他把"重农抑商"看作祸害，亲切地称商贾为"吾商"。欧阳修提出的国家财政方略之一便是"权商贾"。而权商贾的核心就是保护商人利益。说明士大夫精英阶层对商业的支持和肯定。再者，曾巩曾怒斥社会上的逐利之风："时之人，举天下之务者，惟利而已。" 从侧面反映市民阶层逐利成风。以上原因最终促成 "士农工商皆为本"思想的提出，这便是宋代重商观念的缘起与形成。

这种自上而下对商业态度的转变也造就了宋代经济社会的空前繁荣。这点表现在宋代国家财政收入上，北宋的工商杂税占比70%以上，南宋则占比85%以上。繁荣的商业更催生了发达的信用交易体系。李约瑟曾在《中国科学技术史》中说过："谈到11世纪（宋代），我们犹如来到一个伟大的时期，这一时期无论是经济、文化还是科学都达到了前所未有的高峰。许多史学家把宋人的重商观念称为一次复兴或一次商业革命。"讲到这里，再回头看《货郎图》，相信大家一定能感受到那种开明繁荣、活跃祥和的大宋气息！

王希孟《千里江山图》卷

故宫博物院志愿者　陈宇慧

　　珍藏在北京故宫博物院中的中国书画数以万计，其中有一类重要的宫廷收藏，是青绿山水——用石青、石绿等矿物颜料作画，既是装饰作品，也是历代皇帝的最爱。其中，《千里江山图》卷是巅峰之作，也是北宋画家王希孟传世的唯一作品。

　　从隋唐时代开始，就有许多著名的画家擅长青绿山水。同样珍藏在故宫的隋代展子虔《游春图》，是世界上现存最早的山水图卷，也是青绿重彩。而《千里江山图》卷，被公认为是最好的宋代青绿山水。画卷用了一整匹绢，横长近12米。这种形式被称为手卷，也就是说，文人贵族拿在手中，不断舒展观赏，视线随之变化，仿佛一个微缩胶卷一样，不出门就能游览祖国的美好江山。

　　为了适应这样的观赏需求，画家充分利用了长卷的多点透视，描绘了气象万千的锦绣河山。峰峦起伏绵延、奔腾千里；江河烟波浩渺、一碧万顷。这样宏观的视角之外，也有非常生活化的情节：曲径通幽之处，茅屋点缀其间，野渡渔村、水榭楼台、茅屋草舍、水磨长桥，各依地势、环境而设，与山川湖泊交相辉映。这幅作品像一部交响乐，有自己的节奏。在巨幅长卷中，把微观的、宏观的景物大致分为六部分，每部分以山为主要表现对象，各部分之间或用长桥相连，或用流水沟通，使每段山水既可以独立成画，又能相互关联，巧妙地连成一体，达到了移步换景的艺术效果。中国传统书画的许多构图方法，比如高远、深远、平远等，穿插其中，使画面富有强烈的韵律感，引人入胜。

直接为帝王服务的院体画，一向工整严谨。恢宏的规模之外，我们看到整张画用笔十分精当，一点一画没有败笔。点缀的人物虽然细小，但是姿态鲜明。渔舟荡曳画面之上，更平添了动感。无论远观还是近看，都令人折服。用色上看似单调的蓝绿，却变化多样——或者浑厚、或者轻盈，使画面层次分明，如同宝石一般光彩夺目。元代著名书法家溥光在卷后题跋中赞美这幅画可以"独步千载"，堪称"众星之孤月"。可见在书画史上地位非凡。

这幅伟大作品的创作人，却是一位生平不详的天才少年。他名叫王希孟，根据这幅图卷后蔡京的题跋可以知道，他的山水画创作曾得到宋徽宗的亲自指导。北宋政和三年，也就是1113年，18岁的王希孟创作了这卷《千里江山图》，此后便从史料中消失，清代有人推测他完成这幅作品之后不久就去世了。果真如此，那么《千里江山图》更加显得无比珍贵。

中国文人画常常传递出一种哲学气氛，自然景物只是人生观的一种载体，所以笔墨很少受实物束缚。可以"借咫尺之图，写百里之景"，用简单的色彩和线条呈现丰富的意境。18岁少年的山水情怀，承载在这幅画卷之上。10多年后，北宋都城被金兵攻破，这幅画开始跌宕起伏的生涯，最终在新中国成立后归于故宫博物院收藏。"往事越千年"，2017年夏，《千里江山图》卷再度和其他青绿山水的伙伴一起，在故宫午门亮相，为我们呈现历代帝王文人、院体画家心中珍藏的中国山水。

坤舆万国全图：
当天下观碰上世界观

南京博物院志愿者　王宏伟

　　作为新华日报社记者，我和南京博物院结缘15年，采访时见过良渚玉璧和西汉编钟如何被发掘出土，也见过埃及艳后的头像和拿破仑的权杖如何被放进展柜。我曾在大年初二清晨，和龚良院长一起等候南博免费开放后的第一位观众，也曾经走进库房看专家如何修复金缕玉衣。自然而然地，我穿上蓝马夹，成为志愿者。

　　2014年，郑和下西洋国际研讨会在南京举行，我跟随20多个国家的官员和学者一起观摩南博的镇院之宝之一——明代《坤舆万国全图》，当地图徐徐展开，我从大家的脸上读到了震撼。

　　这幅地图很大，长近4米、宽约2米，图上南北美洲呈粉红色，亚洲呈土黄色，欧洲和非洲近似白色，山脉用淡绿色的线条勾勒，海洋描绘成深绿色的水波纹，图上还有9艘16世纪的帆船，以及大象、犀牛、鲨鱼等动物，幅员辽阔的中国则被标注为"大明一统"。

　　《坤舆万国全图》制作于明朝万历年间，作者是意大利传教士利玛窦，南京博物院这份是明代摹本，清宫旧藏。利玛窦一改以欧洲为中心的构图方式，把中国放在地图中央，开创了中国绘制世界地图的模式；更重要的是，它颠覆了中国人天圆地方、中国是天下中心的传统观念，第一次把整个世界展现在中国皇帝眼前。1602年，中国的"天下观"迎面碰上西方的"世界观"，中国该何去何从呢？

　　和很多人的想象不同，明清时期的中国并非只有闭关锁国这一张面孔，这场观念碰撞就引发长达200年的东西方文化交流。好比硬币有两面，一面是来

华传教士出入宫廷，为中国带来西方科技，甚至担任中国外交官出访欧洲，为中国搭起通向世界的桥梁。硬币的另一面，则是一场声势浩大的中国文化走出去，最终在欧洲掀起长达百年的"中国热"：穿丝绸衣服、喝中国红茶、陈设青花瓷器成为西方上流社会的集体时尚。各国王室也纷纷仿建中国园林，建筑领域风行百年的洛可可艺术，灵感就来自中国。

中国儒家思想还滋养了欧洲启蒙运动，启蒙思想家们对孔子推崇备至，他们响亮地提出要向欧洲"移植中国的精神"，文化巨匠伏尔泰甚至主张欧洲应该全盘中国化，他还把《赵氏孤儿》改编成《中国孤儿》，并在70岁高龄时登台扮演成吉思汗……

这样的例子举不胜举。中国近代史苦难太多，以致人们忽略了中国与欧洲曾有过如此美好的相遇。正如胡适所说，明末清初中西方文化交流是文化间一见钟情的典范。

天下大势，浩浩荡荡，开放与融合才是发展的主流。今天，地图上鼓起的风帆仍在诉说世界文明演变的风云激荡。《坤舆万国全图》无声地启示我们，要以博大的胸襟与其他文明平等对话、相互借鉴、吐故纳新，在推动人类共同进步的同时，实现中华文明的伟大复兴。

扬帆，百年记忆

广东省博物馆　凌浩翔

　　明清时期，广州"商贾辐辏，海船云集"。装载着大小货物的帆船各显其能，在河道中穿梭往来，曾有来华西方人把广州的珠江比作伦敦的泰晤士河。不过今天的我们，又如何能见到当时的盛况呢？

　　一幅收藏于广东省博物馆的外销画，能带我们回到过去。所谓外销画，是清代广州画家采用西方的绘画颜料和技法绘制岭南风物的图画，销售给来华贸易的商人，以满足西方热衷"中国趣味"的社会时尚。这幅《广州港全景图》，画于1845年，长2米，宽0.88米，描绘了广州珠江北岸的广阔景色。飘着外国旗帜的地方，就是十三行商馆区，来自欧美国家的洋人就住在这里和中国人进行贸易；小山旁的红楼名为镇海楼，始建于明朝洪武年间，是广州的标志，一直保存至今；珠江上，是清朝顺治年间修建的海珠炮台，用于防御外敌入侵。而画面中最引人注目的，是那帆樯林立的帆船。有船头涂成红色、画着大眼睛的广东海上商船；有装饰华丽、可在上面喝酒听戏的花艇；还有那些做着各种小生意的舢板船。有人数了下，画面中的船只竟然多达300多艘。为何会有如此繁荣的景象呢？

　　其实2000年来，广州一直是中国最重要的通商口岸之一。尤其从1757年乾隆皇帝下令一口通商，直到1842年第一次鸦片战争结束，在这长达85年的时间里，广州是中国唯一可以对外贸易的地方。来自世界各地的商人都聚集于此，大量购买茶叶、陶瓷、丝绸，还有琳琅满目的外销艺术品。这幅外销画作，在照相技术普及之前，记录了特定时期广州的历史风貌，堪称清代广州的手绘照片、珠江版清明上河图。

　　它的作者煜呱，正是活跃于19世纪40—70年代的中国外销画大师，以擅长绘制海港巨景闻名西方。当时和他齐名的还有林呱、庭呱、新呱等。之所以都叫呱，一种说法是当时的外国人为了方便他们的记忆及称呼，就给中国人名字后都加上了"呱"字，而他们的真实姓名已无从考证。这些顶呱呱的大师，在广州创办了30多家画室，有两三千人从事着外销画的绘制。外销画不仅种类繁多，有水彩、水粉、油画、玻璃画、壁纸等，绘画的主题也十分广泛而特别。除了有记录中国港口风貌的，还有三百六十行各种奇特的生意，有钱人惬意的生活，生产劳作的场景等。外销画用写实生动的方式讲述中国的故事，也让外国人更直观贴切地感受到中国的风情。

　　这幅《广州港全景图》，具有极高的历史价值，它讲述了广州的海贸历史，也为我们留下了19世纪广州珍贵的图像资料。而170多年过去了，今天当我们再看广州的珠江，不论是它的外貌还是记录它的方式，都发生了巨大的改变。唯一不变的，是这座城市开放包容的精神，秉承着这种精神，广州将继续扬帆世界，书写它新的海贸传奇。

» 广州港全景图

青青兰草　悠悠我心
——郑板桥《峭壁兰图》

潍坊市博物馆志愿者　刘晓清

郑板桥的《峭壁兰图》是郑板桥尺幅最大的作品之一，也是潍坊市博物馆的镇馆之宝。

» 《峭壁兰图》

» 《峭壁兰图》局部

这件作品构图巧妙，画面中左上角重画重写大面积悬崖峭壁，石缝间有兰草五丛，在右下角，则画着散石一组，兰草两丛，中间留白发人深省。整个画面左高右低，呈俯仰之势，寥寥数笔便把兰花的婀娜之美展现出来。画中赋诗一首："峭壁兰垂万箭多，山根碧蕊亦婀娜。天公雨露无私意，分别高低世为何？"

郑板桥借生长在高山上和山脚下的兰花来比喻人世间的芸芸众生。他感

慨，同是兰草，有的生来就长在高高的峭壁上，人们总要昂起头欣赏它赞美它；而有的，则生长在低矮的山脚下，同样这般的美丽，同样接受大自然的阳光雨露，难道要有高低之分吗？

"疑是民间疾苦声，一枝一叶总关情。"清官郑板桥将兰草自喻，以坚贞不屈、执着不懈的精神直面人生，可敬可赞，可学之，可习之。

儿时车祸的不幸造成高位截瘫，我永远失去走路的机会，也让我失去了梦想的翅膀。人生之幸，是让我穿越时空，遇到了板桥的作品，遇到了影响我一生的"兰草"精神，从此，我重拾自信，不再消极，向板桥学写字、学画画，趴在床上写，坐在轮椅上画，战胜身体的各种不适，战胜

» 刘晓清

世俗，战胜自我，战胜一个又一个的困难。终于，我的第一次书法展"中国梦，好人梦，最美轮椅姐姐书法展"在北京举行。随之，我也被评为"中国好人""中国孔子基金会文化大使""山东省最美志愿者"。

各种荣誉的获得，使我想到了陈毅元帅的砚铭"幽兰在山谷，本自无人识。只为馨香重，求者遍山隅"，这首诗是那么巧合地诠释了郑板桥的这幅《峭壁兰图》。无论我们生长在峭壁悬崖上还是山脚乱石之间，无论是被人抬头仰视还是低头观看，都要找到属于自己的那一方净土，扎根生长，顽强生长。也许我永远不能成为一株峭壁上的兰花，只能做一株乱石中的兰草，但我也要以我的方式为这个世界带来温暖。从此，我坚定地走出家门，走向社会，走进博物馆，献身公益，当好博物馆的志愿者。在我的带动下，山东省潍坊市博物馆有了手语讲解，盲文介绍，残疾人修复文物等工作。为特殊人群提供就业机会，体现博物馆的社会担当和城市文明。

拥有草的坚韧，带着兰的芬芳，充满智慧与善良，在博物馆里放飞志愿者的梦想，我们愿做一株小草，送给大家一路芳香！

坭兴陶——壮乡腰鼓瓶

广西民族博物馆学生志愿者　孙一杨

» 壮乡腰鼓瓶

广西民族博物馆里有一件展品：坭兴陶——壮乡腰鼓瓶，特别突出地体现了壮族的文化特点。

壮乡腰鼓瓶因外形而得此名。它的瓶口像圆盘，瓶身圆润饱满，瓶颈纤细婀娜，整体上流线感很强。它的形状就跟广西壮族的民族乐器腰鼓特别像，所以叫它"壮乡腰鼓瓶"。

最吸引我的地方是瓶身上的纹饰。在瓶身上描绘着人们手牵着手共舞的欢乐场景，还有鸡头凤尾的吉祥图案都雕刻得细致精美，这就是平雕技术的魅力所在。瓶口处立体的双凤同饮以及瓶颈处的双鹰护瓶的造型，是通过圆雕和捏雕的技术来完成的。它们完美地体现出了坭兴陶注重雕刻和装饰，器型不拘一格的特点，而且瓶身上的壮锦、铜鼓等元素也让这件腰鼓瓶锦上添花。

广西钦州坭兴陶和江苏紫砂陶、云南建水陶、四川荣昌陶并称为我国的四大名陶，不仅是因为它精湛的雕刻工艺，还有一个重要的因素——独特的原材料。钦州坭兴陶，是以钦州江东西两岸特有的紫红陶土为原料制作的，江东的泥土比较软，我们称它为"肉"，江西的泥土比较硬，我们称它为"骨"，我们把东西两岸的泥土按4:6的比例混合后，经过淘洗、选练、拉坯、雕刻、烧制、打磨等多道工序精制而成。大家仅凭肉眼就能从壮乡腰鼓瓶上体会到坭兴陶质地细腻、坚硬结实的特点。由于烧制过后的坭兴陶土有着耐酸耐碱、透气不透水的

» 牵手共舞

» 鸡头凤尾

» 双凤同饮

» 双鹰护瓶

特点，所以壮乡腰鼓瓶不仅可以做装饰，还可以储存食物，即使在夏天，里面放着食物几天都不会坏。

此外，坭兴陶还有一项被称为"中华一绝"的特色在它的身上展现得恰到好处。仔细观察其颜色，你会发现，它在整体的古铜色中若隐若现地浮现出深红色和土黄色，相互渗透浑然天成。很多看过坭兴陶的人都以为这是通过着色技术人工完成的，其实真正的原因是：坭兴陶在1300℃高温烧造后，因陶土内含有丰富的矿物质，颜色发生自然串变，通过打磨后呈现出来的。这个过程我们称为"窑变"。由于窑变是不可控的，所以每一件发生窑变的坭兴陶器，都是独一无二的。

2008年，广西钦州坭兴陶烧制技艺被列入国家级非物质文化遗产保护名录，还先后获得了国内和国际展览会 40多项大奖，如1915年，获美国巴拿马万国博览会金奖；2006年，获联合国教科文组织世界杰出手工艺品徽章等。坭兴陶，以它独特的制作材质、高超的艺术水准，讲述了土与火的魅力，成为代表广西工艺的一树新花。

天上霓裳　中国云肩

郑州博物馆　何流岩

» 云肩

中国云肩也称为披肩，最初是用来保持领口和肩部的清洁，后来逐渐演变为一种装饰物。云肩最早是由神仙的服饰演化而来的，在隋唐五代至元朝的服饰中我们也常常能看到它的身影。到了清末民国初年间，已经成为一款大众服饰，深受各个阶层的女性喜爱。特别是在女人出嫁时，嫁衣都是由新娘亲手缝制的，尤其是肩部的云肩，更是嫁衣中必不可少的一部分。人们常在云肩的吊穗上缀着小银铃，新娘一走动，随风飘舞的吊穗和叮当作响的小银铃更增添了新娘的婀娜和妩媚。

　　郑州博物馆收藏的这些云肩，它们的结构都是围绕颈部呈四方、八方等不同的放射形状。"四方云肩"体现四方如意，事事顺心；"八方云肩"则是为春节、元宵、清明、端午、七夕、中秋、重阳、腊八八个节庆祈求平安祥和，也是"天人合一"的一种体现。

» 云肩

绣上"万寿纹"，代表万寿无疆；古人爱取"蝙蝠"的谐音为"福"，所以几只蝙蝠组合在一起，就是"多福多寿"了。绣上一只欢快的喜鹊飞上梅花枝头，代表"喜上眉梢"。绣上"石榴花"引申为多子多孙。装饰上"牡丹花插满花瓶"寓意着"平安，富贵"。一只轻盈的蝴蝶飞舞在花朵间，叫"蝶恋花"，寓意着爱情甜蜜和婚姻美满……

» 多福多寿

» 平安富贵

这满是美好愿望的祥瑞图案被装点得五彩缤纷，给人一种扑面而来的吉祥和喜庆，我们甚至可以从这细密的针脚中隐隐约约看到一个秀美的姑娘，正坐在屋里，她羞涩地憧憬着，绣着手中的云肩，以期将来与自己的如意郎君幸福美满、白头到老。

» 喜上眉梢

» 蝶恋花

一件小小的云肩承载着中国古代女子的优雅、端庄、温婉之美。

» 多子多孙

5000年文明见证——牛河梁遗址

辽宁省博物馆　姜晓怡

» 牛河梁第二地点墓葬

» 牛河梁第二地点四号冢及筒形器排列

» 女神庙想象复原图

在辽宁西部，曾经有一个神秘的古国，它的发现将人们探讨中华文明的视线提前了1000多年。这就是红山文化著名的代表性遗址——牛河梁遗址。

遗址坐落在辽宁省朝阳市建平县与凌源市的交界处，因缓缓流经山下的牤牛河而得名。规模宏大的女神庙、祭坛和积石冢群，就分布在这50多平方千米的丘陵当中。庙坛冢按南北轴线分布，排列得错落有致。这种格局和北京天坛、太庙、明十三陵非常相似，因此被誉为是5000年前的"小北京"。红山人就是在这里祭祀先祖，祭祀神灵的。

1983年，中国最早的神庙在这里重现于世。神庙分为南北两个部分，在主室的西侧，出土了一尊和真人一样大小的泥塑女神头像。她的面部涂朱红色，眼嵌玉石为睛；双目炯炯有神，彰显出洞察万物的神力；突出的颧骨，宽厚的双唇，使女神头像端庄、慈祥，又仿佛露出了一丝若有若无的微笑。人们难以相信，这尊真实生动的女神头像，竟是出自5000多年前的红山先民之手，可见当时的人们用写实的手法、传神的技艺，表达出了他们对祖先的崇拜和敬仰。

» 神庙出土女神头像

与女神头像同时出土的还有女性雕塑的残块，其中有耳、有手、有肩，小的和真人一样，大的是真人的3倍。说到这里，你也许要问：为什么女神庙遗址中会出现这些大小不一的肢体残块呢？原来，女神庙的中心位置供奉的是一尊主神，群神众星捧月般围绕在她周围，是她们共同构成了这座神圣的庙堂。我们可以想象，在5000多年前，太阳将要西沉，风鼓动着松涛低吟，在女神庙周围的山台地上，虔诚的族人等待着部族首领走进女神庙，进行一场人与神、天与地之间

» 神庙出土女性雕塑残件——耳、手

的交流，来祈求风调雨顺、大地丰收和民族生命力的不断延续。

也正是女神头像的出土，拉开了探索牛河梁遗址的序幕。女神庙的周围环绕着与它同时代的积石冢群，在中心大墓里，考古学家惊奇地发现墓葬中只随葬了玉器，有玉猪龙、玉凤、玉人等，种类多样、排列有序。这种"唯玉为葬"的习俗，开创了中国古代用玉的第一个高峰，也使西辽河流域成为史前用玉的中心之一。

中华文明的起源是多元的，文明之火犹如满天星斗。红山文化牛河梁遗址的重大考古发现，见证了在中华文明起源的过程中，辽西先行的一步。也正如著名考古学家苏秉琦先生所说："如果说整个中国文明发展历史是一部交响曲，那么辽西的古文明则是这部交响曲的序曲。"

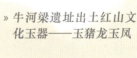

» 牛河梁遗址出土红山文化玉器——玉猪龙玉凤

远古的呼唤——凌家滩玉龙

安徽博物院学生志愿者　姬天泽

　　"山不在高，有仙则名；水不在深，有龙则灵。"这句名言出自唐朝刘禹锡的《陋室铭》，为我们道出了龙的灵性。

　　龙是中华民族的图腾，在早期，古人对大多自然现象无法做出合理解释，于是便希望自己民族的图腾具备风雨雷电那样的力量，群山那样的雄姿，像鱼一样能在水中游弋，像鸟一样在天空飞翔，因此许多动物的特点都集中在龙身上。他们将龙演化成一种神异动物，具有蛇身、鳄首、蜥腿、鹰爪、蛇尾、鹿角、鱼鳞、口角有须、额下有珠的形象。

　　现实生活中更是渗透着龙的文化，喝的有龙井茶，吃的有龙须面，正月十五舞龙灯，五月端午赛龙舟，马路上车水马龙，处处卧虎藏龙……那么，中国龙的形象和龙的观念起源于哪里呢？

　　距今5000多年前，出土于凌家滩遗址的玉龙，可以说是造型最为接近大家心目中的龙的形象。它的发现，为研究龙的起源这一重大学术课题提供了新

的实物资料。龙是中华文明的象征，在红山文化和河南濮阳贾湖文化遗址中都有猪龙和蚌壳砌的龙出土，但它们的形象都不及凌家滩玉龙这样完美。凌家滩玉龙更像后世中国人对龙的描绘，它呈扁圆形，首尾相连，吻部突出，头部雕出两角，脑门阴刻线条呈褶皱状，龙须、嘴、鼻、眼部雕刻得清清楚楚，龙体上阴刻17条线来表现龙鳞。外形庄重、威严，其造型和神韵都如现代人之作，5000多年的漫长时空，在这件玉龙上如此神奇地叠合起来，真令人不可思议，这足以说明巢湖流域是龙文化的故乡之一。

凌家滩遗址西临巢湖支流裕溪河，北靠崇山峻岭下的起伏丘陵，东南是濒临长江的广袤平原。从遥感照片上可以清晰地看出，在整个遗址区域周边都相对平坦，只有遗址所在的地方凸出地表，整体外形非常酷似一座巨大的卧佛。这片充满神秘色彩的地方，生态环境优良，先祖们用他们的智慧创造了一个又一个奇迹，开创了远古文明的曙光。

图腾崇拜是指某种动物、植物和自己的氏族有血缘关系，是氏族的始祖和亲人，从而将其尊奉为氏族的标志、象征和保护神。玉龙是凌家滩人及其联盟部落的图腾，是先祖们对自然的敬畏和崇拜的见证。随着历史的发展变迁，龙更是成为我们中华民族的图腾。华夏子孙很骄傲地以"龙的传人"自称，龙对我们的影响不仅仅如此，它还代表奔腾不息、勇往直前的龙马精神。凌家滩玉龙，远古的呼唤，文明的起源。作为新时代的我们，一定要将中华民族的龙文化更好地传承下去。

» 凌家滩遗址全景

上游永川龙

重庆自然博物馆志愿者　何　静

在重庆自然博物馆恐龙厅里特别展出了一具长82厘米，高50厘米的恐龙头骨化石。经过岁月磨蚀的它，被孤独地置放在独立的展柜里，那昔日骄傲的头颅只留下六对大孔和颌骨上保存完好的牙齿。

那么这具头骨化石背后有着怎样的故事呢？

» 恐龙头骨化石

让我们把时间拉回到20世纪70年代。

1976年6月的一天，重庆永川电闪雷鸣，暴雨倾盆，永川水库水位急剧上涨，两岸农田遭受了巨大的损失。雨过天晴之后，负责大坝巡查的工作人员在离库坝约200米的一片农田里，发现一些像鱼鳞的东西在雨后强烈的阳光下闪闪发光，他想，这个奇怪的东西到底是什么呢？

发现奇怪东西的消息也传到了附近的村子里，村里不少人都赶来看热闹。

大家围着这个东西看了又看，议论纷纷，有人说"这个呀，是史前怪鱼！"也有人说"这是古时候打仗使用的兵器"，还有村里的老人说"这是龙骨，挖不得，挖了整个村子是要倒霉的"！

大家你推我搡，众说纷纭，场面一度有些混乱，工作人员见势不妙，赶紧报告给了上级有关部门。

第二天，博物馆派出的两名工作人员赶到现场，古生物专家张奕宏弯腰看了好一阵，摇摇头说，这不是鱼化石，可能是恐龙的牙齿。

恐龙满口牙齿都是一个形状，而且排列紧密，确有几分像鱼鳞，所以才会

被误认为是鱼类化石。

工作人员一点点清除包裹在牙齿周边的岩石，一颗、二颗……清理出十几颗牙齿，渐渐暴露出牙齿的完整形态，它就像一把小号的匕首，这是典型的肉食恐龙的牙齿。

消息传到重庆，重庆自然博物馆又增派了七八名人员，同时，当地政府调来了一个连的兵力警戒，化石发掘有条不紊地进行着。

在电视台的拍摄镜头下，这具恐龙化石的形态渐渐呈现出来，它仰首翘尾，似乎是在临死之前，拼命地挣扎着、咆哮着，活灵活现，触目惊心。

这是一具近乎完整的骨骼，仅缺失前肢及部分尾椎，最令人惊喜的是：这具恐龙头骨十分完整，牙齿生在颌骨上，头上的骨骼也丝毫没有损伤，这简直就是一个奇迹！

要知道恐龙死亡后，联系头骨与脊椎的肌肉、肌腱和韧带会腐烂，经流水一冲，彼此很容易解体，可是像这副骨架这样有头、有身，而且还关联在一起的肉食性恐龙化石，实在是举世罕见。

化石很快护送到北京，在中国科学院古脊椎动物与古人类研究所进行修复和整理，中国古脊椎动物学奠基人——杨钟健先生更是不顾80岁高龄、行动不便，多次来到化石修复车间查看。

一年之后研究工作完成，专家得出结论：这是一头生活在1.45亿年前侏罗纪晚期的肉食恐龙，并将其命名为上游永川龙。上游永川龙身长8米，是迄今为止亚洲发现的最为完整的肉食恐龙化石。这条龙也让中国终于摘掉了"没有完整肉食恐龙"的帽子。

这条上游永川龙标本后来又重新回到重庆，成为重庆自然博物馆的镇馆之宝，在博物馆的展厅里静静地陈述着那个遥远年代里的史前传说！

» 上游永川龙化石

想 "象"

成都金沙遗址博物馆志愿者　郑　睿

"想象"这个词语大家都非常熟悉，但究竟应该用哪个"象"字，学术界一直争论不休。《韩非子·解老》中有这样的记载："今人希见生象也，而得死象之骨，案其图以想其生也，故诸人之所以意想者，皆谓之象。" 可见当时的中原地区，已经很少能见到大象了，人们只能按照大象的骨骼来推测大象的模样。但你相信吗？数千年前，蜀地却生活着成群的大象。

» 祭祀区 1 号坑象牙堆积

» 金沙遗址出土象牙

2001年金沙遗址的发现震惊世界，而金沙遗址出土的象牙，更是堪称考古学的世界之最，仅祭祀区一号坑，象牙堆积就多达8层，这些象牙层层叠放，颇为壮观。除了整根的象牙以外，祭祀区还发现了象牙尖、象牙片、象牙棍等象牙制品，数量庞大、以吨计算。金沙遗址发现的象牙都是亚洲象的门齿，平均长度为1.2～1.6米，其中最长的一根达到1.85米，那这些象牙从何而来？

成都地处北纬30度，自古便是一片"百谷自生，冬夏播琴"的美丽景象。通过对土壤中植物孢粉的分析，专家认为3000年前地球正处于温暖期，平均气温比现在高出1.7～2.8℃，那个时候成都平原很可能是一片原始森林，适合大象生存。结合金沙遗址发现的大象头顶骨、臼齿以及下颌骨，我们不难发现3000年前的成都平原很可能有大象存在；金沙遗址发现的成吨象牙极有可能就是本地所产。

3000年前的金沙人为什么要埋下如此多的象牙呢！

都江堰修建之前，蜀地的水患特别严重。古人相信，洪水的泛滥一定是水

» 金沙遗址祭祀区

中有精怪作祟，根据《周礼秋官》记载，把榆木棍十字交叉，贯穿象牙，再将其投入水中就可毁灭水中的精怪。金沙遗址发现的象牙也大量分布在古河道附近，所以专家推测，古蜀先民很可能认为，象牙具有抵御水患的魔力，从而大量用来祭祀，祈求风调雨顺。

» 象牙保护——有机硅胶封存

或许我们已无法想象，3000年前的金沙人为了信仰而猎杀大象，是怎样的场景，但是3000年后的今天，我们看到的，却是现代人为了一己私欲，而猎杀大象的残忍景象。根据2016年发布的大象普查数据，仅2007—2014年，世界上的大象就减少了14.4万头。目前，我国境内的野生亚洲象，也仅剩300余头，只分布在云南南部地区。我们再次感叹，今人希见生象也。

因为人类的贪婪，如今地球上每天都有75个物种消失，每小时就有3个物种被贴上死亡的标签。长此以往，或许真的有那么一天，我们只能面对着众多动物的骨骸，重复着得其骨以想其生的想象。

千年萧关古道

宁夏回族自治区固原博物馆志愿者　于建华

"大漠孤烟直，长河落日圆。萧关逢候骑，都护在燕然。"唐朝诗人王维《使至塞上》这首诗描写的萧关，说的就是宁夏固原境内的萧关。

» 萧关古诗

» 萧关石碑

萧关是丝绸之路东段北道重要的关隘之一，也是历代驿道必经之地。萧关是秦汉时期"秦之四塞"之一，是扼控中原通往塞北乃至西域通道的咽喉要塞。自古以来，萧关就以其重要的军事防御，交通道路功能和特有的古代建筑风格，吸引着人们的关注。

早在商周时期，六盘山一带是戎族的重要活动区，既有土著民族义渠戎，还有迁徙到这里的犬戎、乌氏戎等。秦惠文王收复乌氏戎后，在乌氏戎居住的地区设置了"乌氏县"。东汉改称"瓦亭"，指的就是秦汉时期的萧关城。汉文帝十四年，单于率10万铁骑与驻守萧关北地郡都尉孙卬大

战，萧关被破孙印阵亡，成为中国历史上抗击匈奴战争中牺牲的第一位高级将领。正因为孙印战死萧关的这一忌讳，前后汉书再没有提到萧关这一地名，而是以瓦亭代表关隘，之后仅剩下驿站的功能。

中央电视台30集大型专题片《走遍关中》描述："萧关是一种地名，萧关是一种形态，萧关是一种清结，萧关是一个变数，萧关是一个随着朝代的变化和防御对象的变化而变化的战争防御带。"

一代歌王王洛宾因《在那遥远的地方》而享誉海内外，他之所以钟情民歌的创作和演唱，也是因为在六盘山下的萧关有一段难忘的经历。1938年春，王洛宾由西安前往兰州，因大雨所迫滞留在六盘山东萧关附近和尚铺的一家车马店中，闲暇之际，约老板娘"五朵梅"唱花儿，以歌会友。在雨过初晴的黄昏，"五朵梅"心想，王洛宾要走了，便邀他到屋后的黄土坡上，面对着西斜的落日，情不自禁地唱出一曲花儿："走咧走咧走远咧/越走越远咧/眼泪的花儿飘远咧/眼泪的花儿把心淹咧……"歌声率直质朴，唱得悲悲切切，真情动人。王洛宾头一回听到这种曲调委婉，饱含着离愁别苦并有着浓郁地方色彩的西北"花儿"，急忙记下这首闻所未闻的情歌曲调。王洛宾在六盘山的"奇遇"，改变了他的人生经历，本要去法国留学的他从此走进了一个多彩的民歌世界，成为一代"西部歌王"。

» 萧关风采

现在的萧关再也没有"时危多战垒，猛将守萧关"的战争场面，蒿草已经被生态林草所覆盖，古丝绸之路也被四通八达的交通网络所替代。今天，六盘山区回汉人民团结一心，同赴"一带一路"新征程。

探访汉墓遗迹　揭秘千古之谜

湖南省博物馆志愿者　李慧欣

万众瞩目的辛追夫人是马王堆汉墓的绝对"女一号"，那么辛追夫人的遗体为什么能保存2000多年？

» 马王堆汉墓三号墓墓坑遗址

这是马王堆汉墓遗址的三号墓墓坑，此遗址专供大家参观学习和研究交流。墓坑口部是方形的，北面的斜坡是墓道。墓坑的形制就像过去用作量具的斗，倾斜向下，逐渐缩小。

1972—1974年，马王堆汉墓一共发现了三座墓葬。一号墓和二号墓东西方向并行排列，三号墓在一号墓的南边。由于一号墓和三号墓距离很近，三号墓的封土堆几乎全部被一号墓的封土覆盖，而且三号墓墓道被一号墓墓坑切断了，这在考古学上被称作打破关系，这种关系就证明三号墓下葬年代早于一号墓。

根据对出土文物的研究，基本确定墓葬主人为轪侯利苍家族一家三口。一号墓的墓主人是轪侯夫人辛追，二号墓的墓主人是第一代轪侯利苍，而三号墓的墓主人学界还有争议，部分学者认为是第一代轪侯利苍和夫人辛追所生的儿子利豨。

从发掘情况来看，一号墓和三号墓墓葬形制相同，都是沿袭楚国葬制，但一号墓比三号墓规模要大，密封要好，埋藏更深，这也是一号墓墓主人——辛追夫人遗体能保存下来的原因。辛追夫人遗体在地下保存2000多年而不腐，堪称世界防腐史上的奇迹。究竟是怎么做到的呢？原因主要有三方面：深埋、密封和防腐。

第一个原因是深埋。马王堆汉墓一号墓墓坑深16米，封土高4.5米，一共20.5米，这种深度相当于现在七层楼的高度。

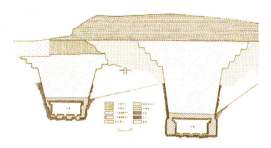

» 马王堆一号墓和三号墓打破关系示意图

第二个原因是密封。一号墓葬具为一椁四棺，椁室由70块巨木拼合而成，起着阻隔作用。四层套棺榫合紧严，密不渗漏。而椁外又填塞5000多千克的防潮木炭和1～1.2米厚的防渗透白膏泥。木炭具有防潮作用，白膏泥是一种含杂质的高岭土，特点是黏性强，渗透性低，密封性能好。这就保持了棺内恒温恒湿、缺氧及无菌的环境。

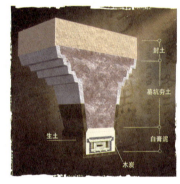

» 辛追墓墓坑纵剖面图

» 白膏泥

» 木炭

第三个原因是防腐。棺内浸泡遗体的棺液，经化验含汞化物和氨基酸等化学成分，具有轻度抑菌防腐的作用。除此之外，由于椁室深埋于地下，完全消除了光线对于葬具、随葬品和遗体的损害。可以说，正是这一切，创造了辛追老夫人遗体保存完好的奇迹。

多年来，湖南省博物馆一直致力于马王堆汉墓的研究和保护工作，汉墓群中出土大量珍贵文物，真实再现了轪侯家锦衣玉食、歌舞升平的生活，也反映了汉代初期农业、手工业的发展，展示了领先的科学技术和灿烂的文化艺术。如今，我们站在墓坑前，不禁浮现2000多年前，马王堆汉墓墓主人是如何的意气风发，下葬情景又是如何的规模宏大。感谢文化传承的伟大，让这些墓葬和文物从2000多年前的汉代来到今天，让我们得以见证中华文化的博大与精深！

鲜卑族源——嘎仙洞石室

呼伦贝尔民族博物院　金　敏

» 嘎仙洞秋、冬景

时越千余载，鲜卑万里千；莫道长城阔，云冈连嘎仙。位于内蒙古自治区鄂伦春自治旗境内的嘎仙洞是我国古代鲜卑族的根祖地。

嘎仙洞坐落于大兴安岭北麓阿里河镇西北10千米处，是个天然的大山洞，这里花草丛生，松花林立，洞口在高出平地约25米的峭壁之上，洞深90余米，面积约2000平方米，号称北国第一洞。嘎仙是鄂伦春语，猎民之先的意思。鲜卑族是中国古代北方少数民族之一，其中拓跋氏世居在大鲜卑山一带，并经历三次举族南迁创建北魏王朝，成为中华民族历史上第一个入主中原的少数民族。北魏王朝第三任皇帝拓跋焘在位时期留下的石刻祝文，证实了文献记载的大鲜卑山就是大兴安岭，拓跋鲜卑发祥在嘎仙洞一带，嘎仙洞因此被世人誉为

» 嘎仙洞内至外

鲜卑祖址，是我国极为宝贵的历史文苑。

1980年7月30日，考古学家米文平先生在自己论证和实地考察的基础上，经历四探嘎仙洞终于发现了刊刻于公元443年的石刻祝文，确定了嘎仙洞就是鲜卑石室，拂去1500多年的历史尘埃后，祝文难以置信地出现了。这一发现正好和历史文献相印证，魏书说太平真君四年远道来朝贡的乌洛侯国使者带来一个重大的消息，称其国西北有国家先帝旧虚石室，室有神灵，民多祈请。世祖遣中书侍郎李敞告祭焉，刊祝文于室之壁而还。嘎仙洞石刻祝文镌刻在洞内西壁扇形平面上，与人的视平线相齐，全文201个字。

祝文内容主要是以皇帝的口吻对自己的祖先歌功颂德，向祖先祈求保佑的。翻译过来大致意思是：太平真君四年（公元443年7月25日）天之臣子拓跋焘派遣使臣谒者仆射库六官，中书侍郎李敞和傅䍲，以马、牛、羊三牲前来祭拜皇天。愿保佑我们子子孙孙，福禄永延。进献祭品，敬天、敬地、敬先皇可寒、敬先后可敦，恭敬奉祭。

嘎仙洞石刻祝文是呼伦贝尔地区原始的文字档案。它的发现彻底解决了鲜卑民族石室所在这一千古之谜，对研究鲜卑民族史和北方疆域史，具有重要的学术价值和政治意义。

» 嘎仙河

鲜卑这一从森林走出来的民族，不仅创造了大同云冈石窟和洛阳龙门石窟等不朽的历史文化遗迹，更为中华民族的形成注入了新鲜血液，随着千年的演变，已完全融入中华民族的大家庭中。

三味书屋

绍兴鲁迅纪念馆志愿者　祝安祺

　　清代学塾发达，遍布城乡，三味书屋是晚清绍兴府城内著名私塾。它以高要求、严管理成为当时全绍兴城中最严厉的名私塾。我国著名的文学家、思想家、革命家鲁迅曾就读于此。如今三味书屋已成为绍兴的一张文化名片，并为社会公认。

　　"三味书屋"位于寿家台门的东厢房，北邻小河与周家老台门隔河相望。鲁迅12～17岁就在这里，师从"方正、质朴、博学"的寿镜吾老先生。屋正中上方悬挂着"三味书屋"匾额，是清代书法家梁同书所书。大家可能会问三味是哪三种味道？其实三味取义："读经味如稻粱，读史味如肴馔，诸子百家，味如醯醢。"告诫我们读书要像这些生活中必不可少的米饭、菜肴、调味品一样，要慢慢品尝才能读得懂书中的含义。体现了寿老先生教书育人的良苦用心。

　　三味书屋每年一般收8个学生。收新生时，总先得经过寿老先生认可的熟人介绍，类似于今天国外大学考研，要有老师的推荐信。然后寿老先生亲自到学生家里看过，算是亲自面试，他认为是"品格方正"的孩子，方可入学。做人是永恒的主题，德者，才之王，这是求学的第一步。

　　报名是正月十八那天，由学生"自己背着桌椅"来入学，错过这天，三味书屋就不再收新生了。这"规矩"虽然苛刻，但也是品格塑造的第一步——守时。与当时隔壁一家专谋私利，只要有钱就收下，然后三天两头借故放假不好好教的王广思私塾相比，对学生、对教育的责任感可谓一流。

　　寿先生的三味书屋，是开明而民主的。那时绍兴的一些腐败塾师，对待学生相当严厉。有的打手心要把手背顶着桌角；有的用竹枝打学生的脊背，再给撒上擦牙齿的盐；有的把学生的耳朵放在门缝里夹。附近的王广思私塾，学生

们不但经常被痛打罚跪，就连出去小便还要领取"撒尿签"，否则就要受到惩罚。但寿先生律己严，待人宽，对学生不摆架子。因此，寿先生在孩子们眼里虽然表现得很"严"，但严格中有积极的关心，严格中有体贴的慈爱。在这样的背景和氛围下，寿先生可谓是一位有教育情怀，能人文管理的开明先生了。孩子们在有学严问教育中实现才学进步，品行成长。

1894年冬至1896秋，鲁迅家里因为发生科举舞弊案，父亲长期卧病在床。鲁迅经常要给父亲去买药，有一次为了买药上课迟到了，严格的寿老先生狠狠地批评了他，鲁迅没有为自己找借口，而是在自己的课桌下刻下一个早字，作为时时砥砺自己、提醒自己的标记，从这以后再未迟到过。事后，寿先生知道了这件刻"早"的事，亲自背了一袋一升多的陈米，向鲁迅伸出了援助之手。他的为人和治学精神以及温暖情怀滋养着鲁迅的品格，日后鲁迅以勤奋刻苦、关心帮助青年成长，为后人敬佩。

今天，三味书屋给我们留下了最朴实的以人为本、追求卓越、德育为先的教育理念。读书关乎一个民族的素养，一个国家的兴旺发达。一所私塾，一个书屋承载着教育者的追求、理念和情怀。希望更多的游客能感受到在这个日新月异的时代，读书才能塑造一个人的文化层次和精神品质。古城绍兴文化深厚、魅力无限，三味书屋作为一个全国重点文化保护单位，珍贵历史文物遗产不仅是一个景点，更是一个让我们获得启发和感慨的精神家园。